U0874811

这样做父母就对了

刘萍◎主编

李中莹／武志红／张怡筠／赖佩霞　等口述

中信出版集团・北京

图书在版编目（CIP）数据

这样做父母就对了 / 刘萍主编；李中莹等口述 . --
北京：中信出版社，2017.8（2022.8 重印）
ISBN 978-7-5086-7676-0

I. ①这… II. ①刘… ②李… III. ①家庭教育
IV. ① G78

中国版本图书馆 CIP 数据核字（2017）第 122135 号

这样做父母就对了

主　　编：刘　萍
口　　述：李中莹　等
出版发行：中信出版集团股份有限公司
（北京市朝阳区惠新东街甲 4 号富盛大厦 2 座　邮编　100029）
承 印 者：北京鹏润伟业印刷有限公司

开　　本：880mm × 1230mm　1/32　　印　　张：7　　字　　数：143 千字
版　　次：2017 年 8 月第 1 版　　印　　次：2022年 8 月第 5 次印刷
书　　号：ISBN 978-7-5086-7676-0
定　　价：38.00 元

版权所有 · 侵权必究
如有印刷、装订问题，本公司负责调换。
服务热线：400–600–8099
投稿邮箱：author@citicpub.com

目录

序

第一章

中国最需要治疗的不是孩子，而是家长

第二章

给孩子一个更好的家

第三章

当冲突发生时，如何做父母

第四章

养育孩子的过程，其实也是自我成长的过程

第五章

给孩子爱和自由

第六章

陪孩子一起快乐成长

序

养育孩子是父母的一场自我修行

这本书，是由《婚姻与家庭》杂志《心理会客厅》栏目的文章结集而成的。

《婚姻与家庭》杂志作为“中国家庭情感帮助全媒体平台”，多年来关注国人情感生活的方方面面，既有可读性又有实用性，文风清新活泼，深受广大读者特别是女性朋友的喜爱，是老百姓的情感危机顾问、幸福生活指南。

而《心理会客厅》是我们杂志的主打栏目，虽然开办的时间并不长，只有短短的 4 年，相较杂志 32 年的历史来说，显得很年轻，但这个栏目却成为最受读者欢迎的名牌栏目之一。

开办这个栏目的初衷，是因为我们发现：伴随着每个人成长脚步的是一个接一个的人生困惑，很多时候我们只能自己艰难摸索。然而，有这样一个心理咨询师群体，他们有专业的知识，有丰富的人生阅历，更拥有智慧和柔软的心。所以，我们希望能够每期邀请一位著名心理咨询师，聊聊他们经历过的事情，告诉我们如何做更好的自己，如何给别人带去幸福。

事实上，后来接受我们栏目采访的不仅仅是心理咨询师，更多的是心理学界的大家，比如：李中莹、蔡仲淮、刘华清、张怡筠等等。他们的讲述，将心理学方面的专业知识转化为读者听得懂、看得懂的内容，让读者在潜移默化中了解处理问题的原则与方法。

现在，我们应中信出版社之邀，精选了其中 19 位心理学大师对于亲子关系问题的独特见解结集出版，每一篇文章读起来，都让人大有收获。

会在浩瀚的书海中注意到这本书，我想您也一定是为人父母者，带着一些对亲子教育的困惑与期待而来。

不久前，我和一位新妈妈聊天，她的宝宝一岁多，已经开始“不像小时候那么好带”了。尤其最近，总是在吃饭的时候，把碗和勺子往地上扔。你捡回来，他扔出去，大人越生气，他越高兴，一边扔一边咯咯咯地笑。

这位妈妈知道宝宝的行为是因为他喜欢听东西掉在地上的声音，在这个年龄段很正常，所以也没有训斥宝宝，反而和他一起玩儿。但家里的老人很生气，说她惯着孩子，这样孩子长大了，会没规矩。时间长了，这位妈妈觉得老人说的好像也有道理，便对自己的育儿方式产生了怀疑，不知道如何做才是对的。

类似的观念冲突与困惑，父母常常会遇到，比如，孩子哭的时候该不该马上抱？给孩子喂奶应该定时定点，还是孩子饿了就喂？何况，随着孩子长大，会有更多的问题冒出来。该不该帮孩子检查作业？孩子不想上学，怎么办？要不要培养一个听话的孩子？

我也是一个妈妈，也曾有过迷茫、焦虑和压力。那个时候的我对育儿类的书如饥似渴，但每本书上说的观点又常常相悖，让人无所适从；孩子身上出现一点小问题，我就开始贴标签，甚至担心她会不会一辈子就是这样了；我还常常用父母对待我们的错误方式教育孩子，试图改变却又无力挣脱。

但随着孩子一天天长大以及自己的学习与成长，我发现，与所有的育儿技巧比起来，妈妈心态的放松才是最最重要的。为人父母，不必要求自己完美，我们不可能做对每一件事情，有些事情，即使做错了，也不会对孩子产生太大的负面影响。而且，孩子身上的很多问题，是发展中的问题，慢慢就没事了，反而是父母越关注，便可能越严重。

所以，我会建议那位新妈妈去学一点发展心理学。在现代社会，心理学其实应该成为为人父母者的标配了。否则，我们只会为孩子的行为问题苦恼，却不了解它们背后的心理原因。而这样的了解，是走进孩子内心的钥匙，也是解决问题的法宝。当我们了解了儿童发展成长的规律，了解了亲子教育的大原则，就不会在细枝末节上去纠结，自己的心态也可以更平和、更从容。

我们这本书，就是一本贴近父母需求的心理学普及读物，虽然不是专业的心理学著作，但书中的一些观点，还是很有挑战性的，接受起来需要一些勇气。

比如李雪说：父母是孩子所有问题的根源，爱和自由是唯一的答案。

董燕说：比厌学更严重的，是父母对待厌学的态度。

许添盛说：一切“问题”都根源于，父母用控制代替尊重，用命令代替启发，用怀疑代替信任，让孩子的生命找不到出路，找不到爱。

林昆辉说：家长最该做的，是要让孩子能爱你，让他们在遇到问题时能想起父母。自杀者心中有父母时，他就不会选择死亡，只有心中已经没有人值得他留恋时，他才会失去生存的动力。

每一位专家的观点都如此精彩，如一粒粒光彩夺目的珍珠，而这本合集就像是一条珍珠项链。父母要为所有的亲子问题负起全部的责任，这一点是所有专家的共识，也是把这些珍珠穿在一起的那条主线。

是的，抚养孩子的过程其实是父母自我修行的过程，就像黄淑文老师说的：“没有人生来就会做父母，每个人都需要学习，需要把自己还原成一颗种子，重新长成自己。放下权威，和孩子平等相待；放下完美，和自己真实相处；放下指责，和自己的父母真心和解。其实，在养育孩子的过程中，父母也要不断地修剪自己生命的枝叶，最终圆满自己的人生，实现与孩子的共同成长。”

刘萍

《婚姻与家庭》杂志总编辑

第一章

中国最需要治疗的不是孩子，而是家长

人物

中国中医科学院广安门医院心理科主任医师，教授、硕士生导师，心理咨询师职业资格考试综合评审专家，世界中医药学会联合会中医心理学专业委员会常务副会长，中国心理学会科普专业委员会委员，北京心理卫生协会常务理事。

——王　健

观点

关注与陪伴是父母给予孩子最好的爱。有了父母的关注与陪伴，将来无论孩子走到哪里，无论遇到什么困境，他都会无所畏惧。

中国最需要治疗的不是孩子，而是家长

在医院心理门诊工作的几十年中，我有很多机会接触到所谓的“问题孩子”。然而，很多时候，我一看见孩子，就知道这是后面两个大人出了问题。很多父母秉持错误的信念，缺乏共情的能力，不能给孩子提供一个安全的、被接纳的环境。所以，中国真正需要治疗的是父母，而不是孩子。

父母错误的信念，导致亲子关系紧张

这里所说的信念，是一个人认为可以确信的对自己、对别人、对事情的看法和态度。

父母过度的焦虑，导致亲子关系紧张

有一次，我接待了一对母女。女孩正在读初一，出现了严重的厌学情绪，母女俩为了上学的事情天天吵架。我认为，孩子在父母的高要求下，出现厌学的情绪很正常。解决问题的关键，是纠正妈妈"不考上前三名就没出息"的信念。

我给这位妈妈算了一笔账："从初一到高三这 6 年，至少有三四十次月考。过了一个月，上次的月考排名就烟消云散。人生就像跑马拉松，开始领跑的人，不见得就是最先冲到终点的人。而且，做领跑是很累的，他们输不起，心理压力大。有人做过调查，在社会上拔尖的人，不是那些名列前茅的学生，恰恰是 10 名到 20 名的学生，这就是'第十名现象'！你参加同学聚会时，有没有发现那些排名不如你的人，反而在社会上发展得更好？"经过我的开导，这位妈妈的信念开始松动，不再逼迫孩子。渐渐地，女孩的学习压力减轻了，也不再抗拒上学了。

还有一位妈妈因为孩子的饮食问题而产生了严重的抑郁情绪，找我咨询。她说："孩子太瘦，总是不好好吃饭，我没把孩子照顾好！我做饭做得不好吃，孩子这么瘦，全是我的责任！这么瘦的孩

子，会不会营养不良？会不会大脑发育不健全？将来会不会影响学习，影响找工作……”

妈妈来就诊时，父母和孩子的关系已经非常紧张。一方面，妈妈觉得自己没有照顾好孩子，陷入了深深的自责之中，脑子里全是灾难性的想象；另一方面，为了让孩子胖起来，爸爸玩命地往孩子嘴里塞东西，比如鲍鱼、鱼翅、燕窝这样的高级营养品。虽然这些都是好东西，可是孩子不喜欢吃。但是，爸爸非要强迫他吃：“你不好好吃饭，我就揍你！”因为吃饭的问题，孩子每天挨打受骂，最后和父母闹掰了，离家出走。

作为一名医生出身的心理专家，我告诉这位妈妈：“以我的专业知识判断，除非孩子营养不良，否则你不用逼迫他吃东西。吃饭是人的本能，他感觉饿了，自然会吃。如果你担心他营养不良，可以带他去做一个身体检查。总是吃营养品，可能会对身体造成额外的负担。瘦，不代表不健康。你看，很多运动员都特别瘦，但是人家身体多健康啊……”经过一段时间的咨询，这对父母渐渐不再逼迫孩子吃东西。而真正接纳了孩子之后，妈妈的自责减轻了许多，抑郁症状也有所好转。

父母错误的想法，影响亲子关系

有些父母，还会把一些错误的想法强加给孩子。有个小孩，特别喜欢摄影，对摄影器材如数家珍，大学想读摄影专业。但是，爸爸对他说：“你考那个专业干吗？你看那些摄影师，一个个胡子拉碴，吊儿郎当的，我看没一个好人！”孩子为了成为摄影师，已经准备了很多年。可刚一说出自己的理想，就被爸爸一巴掌拍死了！他非常生气，开始跟父母冷战。

父母带着孩子来咨询时，我对这位爸爸说：“张艺谋就是摄影师出身，现在人家是国际大导演，你能说他不是好人吗？孩子既然喜欢摄影，那你得尊重他的理想。但是，要跟他约定，自己选择了摄影就得好好学，为自己的选择负责。你也不要太在意专业的问题。现在的大学生，有多少人毕业后从事的工作是自己所学的专业呢？我带的研究生，他们的本科专业绝大部分都不是心理学。你就把大学理解为一种素质教育，他能在这四年里有一些收获和成长就好了……”通过耐心的引导，这位爸爸改变了对摄影师的偏见，最后尊重了儿子的选择。

父母错误的信念，影响孩子建立核心信念

更重要的是，父母的错误信念，会影响到孩子核心信念的建立。值得一提的是，小孩核心信念的建立，不一定是因为受到了很大的刺激，而可能是很小的事件细水长流、潜移默化的影响。一件事情，他刚听到时感觉很微弱，可能想“哦，这样啊”；过了几天，又听到了，开始有点儿印象；第三次听到，印象更深……刺激会不断地叠加，最终形成核心信念，影响他的情绪与行为。

比如，有的妈妈会经常在孩子面前抱怨：“你看你爸老不回来，天天泡在外面，特别不负责任！这个家都是我在管！”爸爸肯定有

忽略家庭的成分，陪伴家人的时间不够。但是，他也在辛苦地赚钱养家，对家庭承担了部分责任。妈妈的说法显然是情绪化、片面的。然而，由于小孩的认知水平比较低，他无法分辨妈妈的话，于是就建立了一个核心信念：爸爸是不负责任的。如果这个孩子是女孩，她甚至会泛化这个信念，认为天下男人都是不负责任的。拥有这种信念，孩子将来怎么恋爱结婚？

只注意学习，会毁了孩子的情商和人生

一个人的成功，既有智商因素，也有情商因素。然而，父母普遍都有望子成龙的心态。他们只注重学习成绩，忽略情商的培养和发展。在过度要求学习、分数的过程中，有些父母非但没培养孩子的情商，反而会扼杀、摧毁、破坏孩子的情商。

培养孩子情商很重要

其实，培养孩子的情商比培养孩子的智商更加重要。一方面，智商是先天父母给的，受到遗传的制约，再怎么培养，也增加不到哪儿去；情商是孩子后天发展出来的，有很大的培养空间。另一方面，情商关系到孩子将来生活的方方面面，如果人际关系处不好，孩子将来就难以在社会立足。复旦投毒案中的林森浩，学习出类拔萃，然而，却因为一点儿小事毒死同学，这就是高智商、低情商的典型例子。

情商为什么会这么重要呢？美国哈佛大学的戈尔曼教授提出情商包括五个要素：一是情绪的自我感知能力；二是调动自己积极情绪的能力；三是当需求得不到满足时，调节消极情绪的能力；四是敏锐觉察他人情绪变化的能力；五是良好的人际关系，这是情商的最高境界。

我们每个人都是人际关系网中的一个结点。孩子从学校毕业后，一般都要上班，哪怕不上班，在家开个网店，也要与买家打交道。将来结婚、生子，还要和伴侣、孩子相处。所以，在现代社会中，人际关系是根本无法回避的。

然而，我们的父母还和10年前一样，只关注孩子的高考。他们完全没有考虑，孩子将来要怎么融入社会、与人合作，要怎么和喜欢的人建立亲密关系，拥有一个幸福的婚姻与家庭。

只关注学习，毁的不仅是情商

对孩子一生幸福至关重要的情商，是在游戏中获得的，是在和同伴交往中发展的。有些父母要求孩子把时间都用在学习上，课间没时间和同学交流，放学后不能和伙伴玩耍。每天回家，父母问的绕不过4句话："你学得怎么样？老师有没有批评你？今天有没有考试？作业做完了吗？"从来不问孩子过得开不开心，喜欢什么，遇到什么有趣的事，有什么收获……

自己的情绪不被父母所关注，孩子渐渐就会觉得自己的情绪和感受不重要，那怎么觉察和管理自己的情绪？不和同伴交往、游戏，他怎么去觉察别人的情绪和需要，学会和人交往呢？如果父母一看见孩子的成绩下降就对孩子埋怨责骂，在消极的情绪环境中长大的孩子，将来怎么调节自己的消极情绪呢？

如果情商没有培养好，父母又只关注学习，一味要求逼迫，可能不仅会毁了孩子的情商，还会毁了他的人生。

有些孩子成绩非常优秀，却跳楼自杀了。很多人都想不通：孩子怎么会自杀呢？到底为什么啊？这是因为父母只关注学习成绩，导致孩子建立了一些错误的核心信念："我不努力，那我就不是好孩子"，或是"我不是一个好孩子，只有努力，才能成为一个好孩子"。所以，他必须用优秀的行为去不断满足父母的需要。他努力学习不是源于自发的动力，只是一种补偿策略。除了努力学习，孩子不知道自己活着还有什么价值，又不能调节消极的情绪，调动积极的情绪，一旦学习遇到挫折，他便认为自己的生命没有价值和意义，就可能选择轻生。

希望社会给孩子提供更多的出路

父母的焦虑问题，早就不是一个新鲜的话题。那为什么，我们总劝父母别焦虑，父母还是这么焦虑呢？其实，这和社会环境、学校教育也有关系。高考制度以及教育资源的不平衡，让父母总是担心孩子得不到好的教育资源。而为了升学率，很多学校也变得急功近利，不再单纯地以教书育人为己任。

以蹲坑班[①]为例：有的媒体抨击父母在休息日带孩子上蹲坑班，但问题是，谁办的蹲坑班？谁给了父母焦虑的土壤？有的父母原本不焦虑，但是看见其他父母破坏规则偷偷上蹲坑班，担心自己的孩子吃亏，不焦虑的也变得焦虑了。有的学校本来不想办蹲坑班，一看父母的需求这么大，就决定办了。社会、学校和家庭互相影响，推波助澜，最后都处于一种极度焦虑的情绪中。

举个例子，某重点中学是个高考集中营。过春节时，学校甚至不让老师回家："你要办年货？我帮你买！你别回去，给我看着学生。"学生就更不可能休息，超负荷地学习。在这种只关注分数、排名和升学率的环境中，有的老师患了抑郁症，四五个孩子跳了楼（自杀未遂）。在对孩子进行危机干预时，我心里很不是滋味——学校是在教育孩子，还是在毁孩子？于是，我帮助孩子修正信念，让他们确认：无论考得好不好，他们的生命都是有价值的。

仅仅凭借个人的力量，改变不了中国的教育现状。我希望社会能变得更加包容，给孩子提供更多的出路；学校不要那么功利，珍惜和善待每一个孩子。这样，父母的焦虑或许才能够真正缓解，把孩子当成一个人来爱。

关注与陪伴，是父母给予孩子最好的爱

对孩子来说，爸爸是天，创造了一个广阔的世界；妈妈是地，

---

① 部分学校自办或与培训机构合办的选拔小学生升入本校初中的培训班。——编者注

提供了一个坚实的基础和后盾；而孩子，就生活在这天地之间，被父母的关注和爱包围着的孩子才最有安全感，成长得最好。

做好父母要管理好自己的情绪

遗憾的是，有的父母本身情商很低，完全不会管理自己的情绪，经常和伴侣吵架。家庭本来是最能给孩子提供安全感的场所，孩子却在硝烟不断的战争中，不断感知负面的情绪。他会产生一个核心信念：所有的家庭都是不幸福的，爸爸和妈妈不爱我，我是没人爱的。长大后，他很可能会回避亲密关系：既然结了婚就打架，我干吗要结婚？你们对我不好，那我对自己的孩子也好不了，索性不要孩子了呗。

所以，哪怕是为了孩子，父母也要好好管理自己的情绪，经营好婚姻。

父母要多了解孩子，接纳孩子的特别之处

父母还要多了解孩子，抽出时间学习发展心理学，了解孩子的发展规律。一个 6 岁的小孩写字慢，老师找到父母："你看你们家孩子，写字这么慢！别人都写完了，就他一个人在那儿磨蹭！"父母不分青红皂白就把孩子给骂了一顿。孩子为什么写字慢？是因为在这个年龄段，很多孩子的大脑书写中枢还没有长好呢。发展是有顺序的，有的孩子早一些，有的孩子晚一些。另外，多动症、抽动

症、孤独症都是大脑神经的器质性或者功能性损害产生的，孩子自己是控制不了的。有的父母见孩子多动就认定他是熊孩子，对其又打又骂。父母的无知，是对这些孩子的二次伤害。

除此之外，每个孩子都是独一无二的，所以，父母接纳孩子的先天气质类型也很重要。有的孩子先天气质类型是神经质，特别容易焦虑、敏感，外面有一点儿风吹草动，他就会忧心忡忡，紧张不安。父母无意中说的一句话，都可能对他造成心理创伤。对于这样的孩子，父母要给予他更多的关注、爱和安全感。有的孩子先天气质类型是精神质，表现得奇特、冲动、另类，和周围的环境总是很不协调。父母要给予孩子更多的耐心和包容，但不要溺爱。必要时，可以请专业医生介入。

每个孩子都是爸爸妈妈的宝贝。对于孩子喜欢什么，讨厌什么，没有人比父母更清楚。但是，我们能够接纳孩子的好恶吗？比如，有的孩子不喜欢吃胡萝卜，父母就说：“我必须把你这个挑食的毛病扳过来！”不让孩子挑食的初衷无可厚非，但是可不可以换个做法呢？可不可以把胡萝卜做得适合孩子的口味？比如，把胡萝卜做成饺子，让孩子看不见胡萝卜；把胡萝卜跟别的东西炖在一起，让它的味道不那么刺激……如果了解和接纳孩子的好恶，孩子也会更加确认妈妈的爱——妈妈愿意为我花这么多的心思，太幸福了！

接纳孩子的情绪，与之共情

父母对待孩子，首先要把孩子当成一个人。是人就有情绪，所以，父母更要接纳孩子的情绪，培养和孩子共情的能力。这要求父母设身处地站在孩子的角度，去思考孩子的思维：孩子到底是怎么想的？他有什么需求？影响父母和孩子共情的主要是这些错误信念："我是你爸 / 妈，你就得听我的！""我永远是对的，你永远是错的！小孩子懂什么？""我很忙，你听我的，别跟我啰唆！"……

如果父母不能和孩子共情，那么，孩子就会逆反，拒绝和父母沟通，感情疏远。其实孩子逆反还算好的，他坚持自己是对的，所以才会反抗。最麻烦的是，孩子不反抗，全盘接受父母的否定。一个人，只有认为自己做这件事是对的，他才会去做。否则，他就不知道自己能做什么，变得没有自我。我曾经见过一个男孩，他像浮萍一样，一直问我："我是谁？我是我吗？"他不知道什么是"对"，只能不停地去酗酒、滥交。

说了这么多，家长也许会觉得做好父母真不容易，但其实爱孩子很简单。父母要记住几个原则：多和孩子平心静气地聊聊天（学习以外的话题），关注孩子的情感需要；多陪孩子一起玩；无论孩子出现什么问题和状况，父母都给他一个承诺："我永远不放弃你！我会陪伴你！我会爱你！你好，我接纳你；你不好，我照样接纳你！"

关注与陪伴是父母给予孩子最好的爱。有了父母的关注与陪伴，将来无论孩子走到哪里，无论遇到什么困境，他都会无所畏惧。

人物

北京大学回龙观医院临床心理科主任兼任儿童心理科主任、教授，中华医学会儿童和少年精神医学专业委员会委员。曾在世界卫生组织心理危机研究预防与培训合作中心，从事自杀、同性恋等项目研究。

刘华清

观点

妈妈只有情绪稳定，才可能和孩子有良好的互动，让孩子拥有稳定的情绪与健全的人格。

中国亲子关系的最大问题之一是妈妈焦虑[①]

在孩子的世界里，最开始只有妈妈一个人。所以，孩子是在跟妈妈的互动中，慢慢地形成健全的人格的。妈妈只有情绪稳定，才可能和孩子有良好的互动，让孩子拥有稳定的情绪与健全的人格。

---

① 本文部分观点由北京大学回龙观医院心理治疗室孟繁蕾医生贡献。

影响亲子关系的最大因素之一是妈妈焦虑

在长达 27 年的儿童心理咨询与治疗的经验中，我发现目前中国的亲子关系存在的最大问题是妈妈的情绪不够稳定，尤其是太焦虑了。

在心理学中，情绪稳定是指妈妈可以自由感受事情发生时的情绪，无论多好多坏，自己都能将情绪调节到相对平稳的状态。保持情绪稳定，并不是说妈妈必须要一直高兴，有负面情绪很正常，但是要控制住强烈的情绪。否则，她的关注点就会在自己身上，自然也就无法观察孩子的需要，理解他的感受。

用生病说说焦虑

孩子生病这件事，最能反映出妈妈情绪控制的能力。焦虑的妈妈一看见孩子生病就会马上慌了，无论多晚都带孩子去医院看急诊。她完全被孩子高烧不退会引发惊厥，甚至诱发癫痫发作等灾难性的幻想所控制。她会不断指责白天负责看孩子的婆婆，或者自责自己当天为什么去上班，好像如果自己在场，孩子就不会得病似的。生病后，孩子本身就很难受，需要妈妈的安抚。而过于焦虑的妈妈会完全陷入自己的情绪之中，于是孩子就更加痛苦。

情绪稳定的妈妈突然发现孩子生病，也会很着急，但同时她会进行判断：孩子是白天被婆婆带出去玩时着凉了，还是被其他小孩传染感冒病毒了？再根据不同情况来灵活地应对。她会很自然地跟人倾诉自己的感受，但不会指责婆婆。情绪稳定的妈妈有更多思考的空间，能理解孩子当下的需要，给予他恰到好处的满足。同时，也更容易得到周围人的支持。

焦虑的妈妈

在中国，妈妈们表现出来的最明显的情绪问题是焦虑。在社会发展的过程中，我们的祖辈受过很多心理创伤，包括：战争、饥荒、疾病、亲人的去世、被忽视……这些创伤给一个家族打上了精神烙印，代际传承一直传到了这一代。焦虑的妈妈可能从小就没有或者极度缺乏积极的母爱体验和家庭温暖，没有安全感，经常处于担忧之中。另一方面，有了孩子，她又会想："我小时候没体会过的母爱，我要给我的孩子！"这种补偿心理，让焦虑的妈妈不顾孩子的需要，对他过度满足。

我曾经接诊过一个男孩，他的妈妈就一直很焦虑，总是担心孩子做不好。一岁多时，孩子特别想自己吃饭。她让老公硬把孩子按在椅子上，说："宝贝，你不能动，我要一口一口地喂给你！"孩子五六岁时，她又担心孩子会受到伤害，说："小区里的全是坏孩子，你不要和他们玩！"总之，她不断地夸大环境中的危险因素，让孩子觉得只有依靠妈妈，才能获得安全。

但是，孩子是通过不断表达、探索，在与同龄人交往中发展出生活和社会交往的能力、获得积极的自我价值感体验的。这个男孩既没有生活自理的能力，又不会与人交往，整天被同学们嘲笑、排斥和孤立，心中充满挫败感，觉得谁都看不起他。刚上小学三年级，他就不肯上学了。其实，孩子都是在磕磕绊绊、打打闹闹、犯错误、受挫折中成长的，他们自己去调整和处理，才能获得解决困难的能力。

焦虑会复制、传承

孩子有一个焦虑的妈妈，还可能是因为他有一个焦虑的姥姥。家庭教育文化也会一代代地传承。如果妈妈自小被母亲要求苛刻，那么，她就有可能复制这种亲子互动模式，对自己和孩子要求苛刻。这种焦虑的妈妈就是所谓的“完美妈妈”，她们的眼睛里容不下沙子，一看到孩子有缺点，情绪就爆炸了。

在我的门诊中，有很多这样表面很完美、内心很焦虑的妈妈。有一位妈妈非常优秀，拥有国际名校的博士学位，在世界 500 强企业中做高管。因为担心女儿输在起跑线上，她给孩子报了很多早教班。女儿上学后，她要求孩子门门功课都考到 100 分。她在生活细节上也追求完美，在卫生清洁方面更是达到了吹毛求疵的地步。被完美妈妈从小挑剔到大的女儿，不仅心理压力过大，而且对同学要求苛刻。比如，同桌的桌面不卫生或者说话的声音大了点儿，她就会对人家各种挖苦，人际关系极差。后来，女儿还出现了人格偏离正常的倾向。

所以，我经常建议妈妈们不要做一个“完美妈妈”，而是做一个“刚刚好”的妈妈，轻松、自在地与孩子互动。如果妈妈没有那么焦虑，那么，她就能够设身处地地观察孩子的需要，试探性地去满足孩子的需要，跟孩子的情绪和感受在一起。

不稳定的情绪，会堵塞爱的通道

如果长期处于怨恨、内疚、无助、冷漠等负性情绪之中无法自拔，妈妈就可能很难表达爱，孩子更是感受不到爱。

怨恨

在现实生活中，很多80后和90后的年轻妈妈并不是自愿生孩子的。结婚一两年，父母就开始说："周围人都生孩子了，你再不生就是高龄产妇了！"公婆也催："你快生孩子吧，趁着我们年轻，还能帮你们带带孩子！"如果妻子还不愿意生，丈夫就可能下最后通牒："你不生孩子，我就和你离婚！"在周围人的催促、逼迫和威胁下怀孕生子的人，她们生理上是妈妈，但心理上并没有完成角色的转换。

孩子出生后，她们开始面对一系列的丧失：身材走样、失去工作晋升机会（或者干脆失业）、没有娱乐时间……当孩子不听话、哭、闹、尖叫时，她们会非常厌烦、愤怒，甚至是怨恨："要不是因为你，我怎么会过得这么痛苦？"这种情绪困扰衍生了指责，甚至是暴力。有的妈妈经常打孩子，口口声声说是为了孩子好，但其实在潜意识里，她们是在怨恨孩子、报复孩子，只是自己不愿意承认而已。

我们千万不要指责妈妈们，而是要设身处地地理解她们的感受。如果女性还没有做好心理准备，不是真正地渴望孩子、爱孩子，就不要对她们施加压力，让她们仓促地把孩子带到这个世界上来，否则妈妈受罪，孩子更受罪。

另外，妈妈自身也要反省、成长，接纳自己的情绪，尝试在自己的需要与孩子的需要中寻找平衡点。妈妈要先照顾好自己，再照顾孩子。乘坐飞机时，空姐都会告诉我们：在遇到危急情况时，先给自己戴上氧气罩，再帮助孩子戴氧气罩。因为，如果先给孩子戴，妈妈缺氧死了，孩子最后还是活不成。所以，妈妈要先照顾好自己，拥有自己的工作、生活圈子、兴趣爱好、爱的对象，从万千世界里汲取精神营养。妈妈的需要获得一定程度的满足后，内心就会拥有更多的爱，才有能力爱孩子。

忌妒

因为父母工作忙碌，很多孩子在小时候被交给爷爷奶奶照顾。孩子为了重新获取安全感，让自己更好地生存，会本能地依恋奶奶。可是，当看见孩子跟奶奶更亲近时，很多妈妈会产生忌妒的情绪，导致对孩子的过分挑剔与控制。

我曾经接待过一个14岁的女孩。一提起妈妈和奶奶，她就泣不成声。在6个月大时，她被送到乡下的奶奶家，6岁时才回到父母身边。妈妈总是看她不顺眼，骂她又脏又丑，又懒又没有规矩。妈妈的口头禅是："看你奶奶把你带成什么样儿了？你一身的臭毛病都是跟她学的！”

从 6 岁到 14 岁，女孩的内心一直处于激烈的冲突之中：如果认同奶奶，妈妈就不接纳她；如果认同妈妈，就否定了一直疼爱自己的奶奶。她养成了讨好型人格，后来心理还出现了问题。

这位妈妈显然已经陷入了忌妒的情绪中不能自拔。忌妒的背后，其实是她内心对自己不能照顾和陪伴孩子的深深的内疚和自责：“孩子这么小，我就狠心把她送走，我不是一个好妈妈！”但是，她不愿意承认自己的情绪，为了让自己心里好受一些，她就通过指责、否定婆婆来凸显自己的价值——我还是好的，女儿还是需要我的。

我认为，妈妈除了要接纳自己的情绪外，也要真诚地感谢婆婆所做出的贡献。无论孩子被抚养成什么样，婆婆都非常辛苦。在被抚养的过程中，“奶奶”已经在心理上成为孩子的“妈妈”。所以，当奶奶被否定和指责时，孩子才会这么痛苦和混乱。此时，尊重和肯定婆婆的付出，就是妈妈对女儿最好的爱。

无助

在生活中，我们常常看见有些妈妈玩手机不管孩子，或者把照顾孩子的责任推到老人、保姆身上。她们被扣上不懂事、没有责任心的帽子：“你怎么这么狠心，孩子哭成这样也不管？”

需要区分的是，其中有些妈妈不是没有责任心，而是因为自己在婴儿时期没有得到应有的照顾，内心有一种绝望感和无助感，被孩子激发起自己的创伤后，就陷入了无助的情绪之中。在孩子大哭时，她们的心里其实已经翻江倒海，但是觉得自己做不好，所以就装作没有听到孩子的需要，假装这件事情没有发生。看手机只是为了平复情绪，如果细心地观察，会发现她们看手机时烦躁不安，不停地刷屏。在心理上，这种妈妈就是一个脆弱的孩子，根本顾不上孩子的需要。孩子遇到问题时，她会表现得很无助："我没有办法呀！我做不到啊！我不知道怎么办啊！你说怎么办就怎么办吧……"孩子就会觉得妈妈很无能，看不起妈妈，因而感到愤怒和绝望。

冷漠

妈妈的冷漠，也可能是因为有心理创伤。在婴儿期，孩子渴望一种全能感：我饿的时候，你就一定要马上过来，满足我的需要；我吃饱了，我想睡了，我不需要被你打扰的时候，你就要离开。他一定先要体会这种全能感，而后慢慢才会意识到，原来妈妈不是对我完全言听计从的，才能学会妥协。冷漠的妈妈不关注别人，没有能力立刻响应孩子的需要。比如，明知道孩子饿了，可她就是不过去。那么，孩子想要去控制别人的渴望就会加强。长大后，他会希望所有人都听他的，甚至养成控制型人格。

另外，因为缺乏同理心，冷漠的妈妈很难理解孩子的感受。比如，孩子受了委屈，希望妈妈去安慰他，冷漠的妈妈的反应往往是："这有什么啊？为了这点儿小事你就哭？"没有理解，她自然也很难传递给孩子爱与支持。

需要强调的是，我列举妈妈的情绪问题，只是为了引起大家的关注。只要是人都有情绪，我们千万不要因此而指责、批评妈妈，更不要给妈妈贴标签。我们一定要看到她们的困难，看到她们需要我们的理解和支持。

妈妈也要学会觉察自己的情绪。有情绪时，可以逛街、找闺密聊天、听音乐、做运动等，用合理的渠道发泄、舒缓情绪。这样，情绪不会像条件反射似的爆发，而是更有弹性和灵活性，更适合当下的处境，这就能避免给孩子带来伤害。另外，如果妈妈的情绪不稳定，孩子到了青春期可能会集中爆发出很多心理问题，比如焦虑、抑郁、强迫、厌食症，以及人格障碍倾向。妈妈可以把孩子的问题作为改变自己的契机，和孩子一起系统接受专业化的心理咨询与治疗，实现自我成长。

爸爸提供好环境，妈妈才会情绪稳定

爸爸对于孩子的作用是保持整个家庭环境的稳定。环境稳定了，妈妈的情绪才会更稳定，孩子就能在良好的亲子关系中健康成长。

婆媳矛盾

婆媳矛盾是影响家庭稳定的重要因素。很多男人在面对婆媳大战时，觉得自己应对不了，就选择逃跑；或者认为“妈是亲生的，媳妇可以换”，一味地偏帮母亲，指责妻子。其实，夫妻关系才是家庭关系的核心，也是家庭稳定的基石，两口子要一条心。婆媳发生矛盾时，妻子有很多情绪。如果得不到丈夫的支持，妻子的负面情绪就会影响到孩子。所以，这时候，男人要表现出力量，很稳地站在家里，在婆媳之间起到调和与缓冲的作用。

我曾经遇到过一对夫妻，因为婆婆帮忙带孩子，婆媳矛盾很大。隔代教育的问题在于，婆婆要争取自主权：“既然是我带孩子，孩子的大事小情都要听我的，你们俩也要听我的！”只要妈妈和孩子一起玩，她就会冲出来，骂儿媳偷懒不干活。儿媳的情绪长期处于焦虑与愤怒之中，整个家庭氛围变得压抑、不安。孩子因此出现了应激的躯体性反应：便秘、晚上经常惊醒和大哭。

幸运的是，这时候孩子的爸爸勇敢地站了出来。他对母亲说：“您什么都要去操持，太辛苦了。我媳妇还年轻，现在也不工作，就让她做吧。您就歇着，享享清福，看看孙子，您过来就是搭把手的。”这样，既表现出对母亲的心疼，又建立了界限。

有的老人很固执，平心静气的沟通可能难以奏效。为了保护妻子和孩子，丈夫只能请老人暂时离开，在周末、节假日时经常带着孩子去看望老人。老人开始时肯定很伤心，但是时间长了，总会适应的。如果丈夫的意识没有觉醒，妻子就要主动争取他的支持，比如：“我理解你的处境和难处，但是我现在非常需要你的支持，我们都是为了孩子的身心健康……”只要他迈出一步，妻子就要给予鼓励。

产后妈妈

产后的妈妈也特别需要丈夫的支持。精神分析专家一般认为，生产后，因为激素水平急剧变化，以及孩子离开子宫产生的失落感，绝大部分的妈妈都有忧郁的情绪。丈夫要在经济、语言上都给予妻子充分的支持，保持家庭环境稳定。千万不能妻子辛苦地坐月子、带孩子，自己却跑去打麻将、喝酒、泡吧。这样对妻子是非常不公平的，她的情绪也会受到很大的刺激。

有的男人可能会因为看见妻子围着孩子转、自己受到忽视而产生忌妒情绪。我们一定要理解妻子，这是“原始的母性灌注”。因为小婴儿的生命太脆弱了，需要妈妈全身心地去关注，他才能够活下来。这时候，繁忙疲惫的妻子其实特别需要丈夫维持整个家庭环境的稳定，这样她自己才能全身心地投入对婴儿的照顾。

丈夫对妻子的支持，还有很多种方式。比如，关心和倾听妻子的需要，感谢妻子对家庭做出的贡献，帮她分担家务。比如，主动陪伴孩子，和孩子一起玩游戏、放风筝、打球、看电影、听演唱会等等。有一位爸爸，工作需要经常出差。但是，他每次从外地回到家，无论是深夜还是凌晨，都会亲手做一个大面包。等孩子们早上醒来，一闻到面包的香气，就知道爸爸回来了，欢呼雀跃着到房间里找爸爸。妻子也从这个充满爱的家庭环境中汲取着营养与力量。

保持情绪稳定，是每个妈妈都要学习的功课；而帮助妈妈情绪稳定，是每个爸爸都要做的事。

人物

中国台湾家喻户晓的身心灵治疗大师，著名精神科医师，现任赛斯身心灵诊所院长。著有《孩子的错都是大人的错》《孩子都是老灵魂》等10余本畅销书。

——许添盛

观点

孩子一生下来心灵就不是空白的，作为父母，我们要了解孩子的天赋方向和人格特质，了解在孩子的本质之内，上天赋予了他怎样的一张生命蓝图。

孩子都是老灵魂

为什么别人的孩子健健康康，你的孩子却一年到头总生病？为什么你给了孩子很多钱，为他提供世上最好的教育，他却绝望得想自杀？为什么孩子拒绝上学，动不动就啃指甲、吃头发……这一切“问题”的根源在于，父母对孩子的“老灵魂”视而不见，用控制代替尊重，用命令代替启发，用怀疑代替信任，让孩子的生命找不到出路，找不到爱。

孩子的错，都是大人的错

孩子并不是一张白纸，而是拥有“老灵魂”：他们具有独立的人格和独特的天赋蓝图；他们聪明而敏感，能够迅速觉察父母的情绪；他们能够吸收家庭能量场里的负能量，并把它转成身体的疾病。

我在做身心科主任时，曾接诊过一个孩子，他患有哮喘，并对环境严重过敏，一年到头总有病。因为做了很多脱敏治疗病情也没有改善，爸爸和妈妈带他来到身心科就诊，想看看过敏体质是不是由心理问题导致的。

我问他父母的第一个问题是：“你们的感情是不是出了问题？”他妈妈惊讶地说：“你怎么知道？”我说：“我之所以问这个问题，是因为小朋友身上的哮喘和过敏跟你们的婚姻问题有直接联系。”他爸爸当即反驳道：“许医师，这不可能！我们从来没有在孩子面前吵架，更没有提过离婚的字眼！”我一字一顿地反问：“你当孩子是笨蛋吗？你以为你们不说，他就感觉不到？”

接着，我问孩子：“你是不是觉得爸爸、妈妈会离婚？你是不是讨厌这个家？”孩子毫不犹豫地说：“是！我讨厌这个家，他们都不要我！”我告诉孩子的爸爸妈妈：过敏虽然有遗传因素，但这种久治不愈的情况更多是一种身心疾病。有的孩子因为不被妈妈喜欢，患上异位性皮肤炎；有的孩子因为被家人忽视，患上过敏性鼻炎……他们最后治好病都是因为解开了心结，在身心科里，这种情况很普遍。

原来，爸爸和妈妈的感情一直不好。爸爸的性格比较强势，有个相恋多年的第三者。妈妈经常心情抑郁，内心充满不安。孩子跟妈妈的情感联结比较紧密，当妈妈不接纳自己时，孩子也不肯接纳自己，开始排斥自己的身体，出现了严重的哮喘和过敏症状，吃什么药都无法缓解。因为真正让他“过敏”的，并不是气候和环境，而是家里的负能量。

我先是建议这对夫妻帮孩子建立安全感，对孩子坦诚：“爸爸和妈妈确实在一些观念上出现了分歧，我们正在沟通，努力找出解决的办法。你放心，我们不会离婚，就算将来离婚，也不是你的错！”因为孩子什么都懂，如果妈妈和爸爸一直装作若无其事，反而会加深他的担忧。

然后，我为孩子的父母做了婚姻治疗。因为孩子的问题，都是出在父母身上的。如果不把他们的问题解决，那么孩子的病就不能根治。我让妻子不要把所有的时间都用在指责对方外遇的吵架上，帮助她对抗抑郁，找到未来安全感的方向。在我的帮助下，妈妈终于鼓起勇气对爸爸说：“先生，我不是要缠着你，只是我还没有准备好，我需要你的协助。你可不可以给我一段时间，让我先找到一份工作，证明自己有赚钱的能力、可以带好孩子，找回我的自信心？”爸爸很受触动，答应一年不提离婚。最后，虽然爸爸、妈妈离婚了，但是他们把对孩子的伤害降到了最低。妈妈找回了自信，不再抑郁；孩子的哮喘和过敏问题也都改善了许多，不用再吃药了。

想解决孩子的问题，要先解决大人的问题

家庭就是一个能量场。很多孩子不是透过父母的言行，而是透过家里的能量，透过家庭氛围来觉察父母的情感状态的。如果不把孩子心里的焦虑、担忧、愤怒等情绪及时处理掉，那么孩子的情绪问题就会反映到躯体上，表现出过敏的症状，譬如哮喘、皮肤炎、花粉症、尘螨过敏等等。如果父母的感情长期不好，孩子总是吸收负能量，他甚至可能一年到头都有病。

所以要解决孩子的问题，一定要先解决大人的感情问题，尤其是妈妈，必须拿回自己的力量。否则，孩子会出现种种问题，甚至做出过激行为。我最近接诊了一个孩子，15 岁，才上初三，他的爸爸经常打妈妈。有一次，爸爸用手勒住妈妈的脖子，一路拖到客厅。孩子在一旁冷冷地看着，然后转身去厨房拿了一把菜刀。爸爸吓坏了，马上把孩子送到我这里“看病”。

我对妈妈讲：“从今天开始，不管你用什么方法，都绝对不能让你先生再打你！你要么离家出走躲开他；要么当他要打你时，就跑到门口大叫‘杀人啊’‘抢劫啊’‘失火啦’，让他不敢动手；或者干脆把家搬到警察局的旁边……总之，你一定要拿回自己的力量！”

妈妈不明白我的反应为什么那么大，丈夫对她家暴已经很多年，她早就习惯了，认为“忍忍就过去了呀”。我郑重地对她说：“如果你再让你先生打你，那么你先生会被你儿子砍死，而你儿子会成为杀人凶手！如果妈妈没有能力保护自己，那么孩子就只能把

爸爸杀死来保护妈妈。一个女人，应该让孩子把爸爸杀掉，来达到保护自己的目的吗？如果再不拿回自己的力量，你就等着收尸吧！”妈妈悚然惊醒，她真的把家搬到了警察局旁边，再没让丈夫动自己一根手指。这位妈妈成功地拿回了自己的力量，救了自己，也救了孩子。

面对这个家暴爸爸，我说：“孩子想拿刀杀你，不是因为他恨你，而是因为他希望你当一个好爸爸。因为孩子无能为力，所以他才会想用刀子来改变你。所以请你一定要原谅他的无能为力。孩子是爱你的，他只是想保护他的妈妈！”

爸爸听完这番话，当场就哭了。后来，他也努力学习控制自己，改善和妻子、儿子之间的关系。这个孩子也没有再做出过激的行为。

学会尊重：你有问过孩子的意见吗

中国家庭在未来会出现一个很大的危机：父母不尊重孩子，总想给孩子最好的，却不是孩子真正想要的，所以孩子会非常痛苦，甚至会摧毁父母为他决定的人生。

我曾经为一个初中生做心理辅导。他有严重的抑郁症，不想上学，不跟父母说话，曾经 4 次试图自杀。通过交谈，我发现，孩子的父母从来不尊重他，甚至没有用心听过他说话。孩子很喜欢陶艺，一直希望亲手做出景德镇陶瓷那样的陶瓷艺术品。但是父母一直给他灌输一个观念：“陶艺这个东西是没有前途的，是赚不到钱的。”然后拼命让他去学资料处理，因为这个专业在台湾地区的就业前景很好，轻松就能赚到钱。我后来就跟孩子的爸爸、妈妈谈：“你们不要干涉孩子的选择。他从小到大都不能做自己，怎么可能不抑郁呢，怎么可能不精神崩溃？”

我给他们讲了吴季刚的故事。身为男孩，吴季刚从小只喜欢玩芭比娃娃，一直玩到初中。同学们嘲笑他，老师也认为他有“病”，可是吴季刚的父母却相信孩子没有问题。他们通过观察发现，孩子之所以喜欢芭比，是因为芭比身上的衣服很漂亮。于是他们把孩子送到美国学习时装设计，后来吴季刚成了著名的服装设计师，在美国总统的就职典礼上，奥巴马夫人穿的衣服就是他设计的。我问孩子的父母：“对于一个男孩子，喜欢陶艺比喜欢芭比娃娃更另类吗？”

最后，孩子的父母选择尊重孩子的意愿，送他去学陶艺。孩子因为找到了自己的兴趣，上课的时候很快乐，并且在陶艺方面展现了天赋，成绩名列前茅。后来，他不用看医生，抑郁症就好了。而且，他也慢慢地接受父母，愿意和他们说话了。

像这样的问题孩子，我接触过很多。如果在孩童时期，他们的问题没有得到解决，那么他们长大后的问题会更加严重。我接诊过一个 23 岁的男生，他的母亲是台湾地区一所名校的校长，父亲是位老师。男生从名校毕业，有一份非常体面的工作，却嗜酒如命。他不肯上班，结婚后不理太太，有了孩子后也不管孩子，除了喝酒，什么都不做。来治疗时，他也是喝了几瓶酒才过来的。他对我说的第一句话是：“许医师，你知道我的高考志愿表是谁填的吗？不是我填的，是我妈妈填的！”我问他：“为什么是你妈妈填的？”

他愤恨地说："因为我妈妈是校长！她要帮我决定上哪所大学，上哪个科系！我妈妈很爱我，可是，她有问过我的意见吗？"因为妈妈不尊重他，也不信任他，所以他很恨自己的妈妈，用摧毁自己的方式来报复妈妈，让她后悔决定自己的人生！

妈妈也很痛苦："我是这么爱孩子，给他很多的钱，给他最好的东西，让他接受世界一流的教育，为什么他要浪费生命，为什么他会恨我？"我对她讲："你觉得苹果好吃，就让孩子每天吃一个苹果。可是孩子讨厌吃苹果，一吃就反胃。他被迫吃了一年的苹果之后，肯定会恨你的！再譬如，咱们给朋友送礼物，是送你喜欢的，还是送朋友喜欢的呢？我们当然是送朋友喜欢的，只有这样他才会开心地接受。让孩子喜欢、快乐，让他做自己，这就是最基本的尊重啊！"

当不能决定自己的人生时，孩子会非常痛苦。可矛盾的是，他知道爸爸、妈妈是爱他的，为他做了很多牺牲，他们所做的一切都是为他好，所以无论多痛苦，孩子都说不出口。于是他的痛苦就会指向自己，出现严重的自杀或自残倾向。所以，身为父母，我们一定不要自以为是，做任何决定之前，都要先问问孩子的意见。一定要记住，孩子都是老灵魂，他们有独立的人格，有成熟的内心，如果不尊重孩子，后果会非常严重。

观察、启发和信任，帮孩子的生命找到出路

因为孩子都是老灵魂，所以父母要相信他们的生命会自己找到

出路。作为父母，我们既不要对孩子的问题太过焦虑，也不能够放弃孩子，让他们自生自灭。除了前面提到的尊重以外，父母还要做到观察、启发和信任。

观察和启发

观察是了解孩子天赋蓝图的基础。一是观察孩子在幼儿园里对哪个游戏最感兴趣，他最喜欢做什么；二是观察孩子在家里的行为举止。孩子会说话之后，爸爸、妈妈可以通过与孩子非指导性的谈话来了解孩子。

父母不要命令孩子，而是要学会启发、引导孩子，譬如这样说：

“小明，你告诉爸爸和妈妈，你的兴趣是什么？我们不会否定你，也不会骂你，你放心说。爸爸妈妈来一起协助你，找到你的兴趣。如果我们暂时没有找到也没有关系，我们会给你安排一个职业倾向评估心理师，给你做一个测试，看看你的兴趣是在体育、艺术、科学还是其他方面。我们和心理专家讨论之后，再一起协助你。爸爸和妈妈对你有期望，但是我们更希望你做一个快乐的人……”

当你这么和孩子讲话时，孩子就会觉得自己很受尊重，会感觉到爸爸和妈妈是很看重他的，而且也会很感动。

信任

除了观察和启发，家长还要学会信任孩子。这对中国的家长来说，是很难做到的。因为我们的父母不懂得“孩子都是老灵魂”的道理，总认为孩子什么也不懂，不会做出正确的决定，也永远都不会为自己负责。他们把孩子当成没有灵魂的木偶，自己如果不牵线，他们就不会动。

有的父母很不服气，对我说：“许医师，我也知道要信任孩子。可是我的孩子不爱写功课，特别贪玩，怎么说都不听。你叫我怎么信任他呢？”我建议妈妈这样对孩子说：

“小明，妈妈知道你很喜欢玩。妈妈教你一个方法，既可以好好玩，又能把功课做好。你先写功课，然后再玩。不写功课，你就要被老师骂，那你玩的时候也不会安心；你功课做得越快越好，那玩的时间就越长哦……你拿出自己的表现，让妈妈信任你，可以吗？”

哪怕孩子因为贪玩，暂时辜负了我们的信任，我们也不要责备他。因为他那么做肯定是有原因的。父母的任务不是责骂孩子，而是找出那个隐藏的原因，和孩子一起解决它。如果父母站在孩子的立场替孩子着想，耐心地跟孩子聊天，那么他们就会容易接受，而不会抵触做作业了。要相信孩子，他们不是故意捣乱，故意不做作业，更不是坏孩子。

我们的家长对孩子经常缺乏信任。一旦发现孩子不肯上学，第一个反应就是：“哇，这个孩子这么贪玩、偷懒，不打不行了！”你要相信：孩子不上学，他一定是痛苦的。你要问他：“是不是怕老师、被同学欺负了？还是在学习上遇到了障碍？”一味逼迫孩子上学是没有用的。

我曾接诊过一个小朋友，她拒绝上学，而且啃指甲，一根根地拔头发，然后还把头发吃下去，最后导致肠结石。啃指甲和拔头发都是焦虑的表现。我了解到，她是个很乖的孩子，从来不调皮。有一次，班级里最调皮的孩子被老师狠狠地打了手心，她目睹了这次暴力之后非常害怕，总是在想："什么时候会轮到我被打？"她比那些被打的孩子更害怕。因为，想象中的疼痛要比实际恐怖得多。

我告诉这个孩子："老师处罚其他小朋友，不是你的错。"然后又把老师找来，当着孩子的面，对老师说："老师，孩子担心你什么时候会打她。"老师就对孩子讲："只要你上课不吃东西、按时交作业、不跟同学打架，老师就不会打你。"听了老师的话后，孩子就没再啃指甲、吃头发了，而且过了一段时间，她就能够正常上学了。面对孩子的焦虑和恐惧，我们一定要把规则明确化。她明白了规则，知道老师惩罚的底线，就知道自己该怎么做，不会再害怕了。而我们帮她释放恐惧，就是在帮她的生命找出路。

对于孩子来说，父母信任的能量是很强大的。我希望每个父母都能相信自己的孩子天生是好的、健康的、可爱的、有用的。父母相信孩子是健康的，他的生病时间就可能大大缩短；父母相信孩子是有用的，他就会离开挫败的、抑郁的情绪；父母相信孩子是某个领域的天才，他的未来就可能更广阔。最伟大的父母，不是给孩子最多的钱，也不是给孩子提供最好的教育，而是让孩子对自己有最大的信心。这样的父母才是最成功的，这样的孩子才是中国未来的希望。

而实现这一切的前提是，我们要意识到，孩子都有老灵魂，他们值得我们给予尊重和信任，他们会找到生命的出路。

第二章

给孩子一个更好的家

人物

中国台湾资深心理咨询师，身心灵导师，作家，暨南大学国际关系学院博士，《魅丽》杂志发行人。代表作有《我要心动一辈子》，译有心理专著《失落的幸福经典》。

赖佩霞

观点

如果你的父母充满哀伤、落寞，你敢快乐吗？答案是“很难”。但如果我们成年后，能与内心深处的父母和解，摆脱他们带给我们的不快乐，幸福就会翩然而至。

放下父母的不快乐

如果你的母亲充满哀伤，你还敢快乐吗

我来自单亲家庭，20岁之前从没见过父亲。关于父亲的一切，都是母亲告诉我的。我父亲是美国人，1962年，21岁的他随美军来到中国的台湾，不久后，与当时在美籍将军家当保姆的母亲相识、相恋。1963年初，母亲怀孕4个月时，父亲被派到越南。再之后，他回到美国，娶了一个带着3个孩子的离异妇女。母亲来自

小镇，读书不多，这段感情创伤和此前初恋的失败，让她认定男人是不可靠的，幸福的婚姻更是镜花水月。

像很多独自抚养孩子的单亲妈妈一样，我的母亲敏感、多疑，充满哀伤。在我出生后，她生活的所有动力都来自于我，也把所有的不如意都一股脑儿地倾倒给了我。

小时候，因为父亲不在身边，小朋友总是欺负我，指着我的鼻子骂："杂种！你这个没爹的孩子！"由于不想给母亲增加负担，因此我并没有跟她说过这些。母亲也由于不知道我所受的欺负，有时候生起气来便不假思索地说出类似的话："这世上没有任何人要你，只有我要你，你怎么可以不听话？"我 4 岁的时候，母亲结束了一段恋情。看着她蒙在被子里暗自饮泣，我问她怎么了，母亲说男方不喜欢她有小孩。之后，只要看到母亲心情不好或流泪，我便总觉得是自己的存在惹的祸。

如果你的妈妈充满哀伤，你敢快乐吗？如果你的妈妈认为，假如没有生下你就不至于活得这么艰辛，你还敢像其他孩子那样，跟妈妈撒娇、委屈了放声大哭吗？

因为妈妈和孩子的关系是最贴近的，当妈妈不快乐的时候，孩子往往只能默默承受。对孩子来说，闹事打架或许是一种宣泄的方式。但我是独生女，没有兄弟姐妹可以吵，我童年最亲密的伙伴，是房东家的孩子，因为对方是小儿麻痹症患者，因此我俩经常在一起玩，相互陪伴。我受了什么伤，无人可以倾诉。因为怕母亲知道我受伤后会更难过。所以很多的委屈，我就这么吞下来了……

虽然知道母亲是爱我的，但母亲的无心指责还是在我心里留下了伤痕。为了证明自己的存在价值，16 岁那年，我选择了踏进娱乐圈。我很快就在娱乐圈站稳了脚跟，也终于向自己证明，除了母亲之外，还有人会喜欢和认可我。

后来母亲终于再婚。继父大母亲 21 岁，对母亲和我都很好。但母亲却没有如我想象中那样变得快乐。母亲总是抱怨："要不是因为你，我才不会嫁给这个男人！"听到这样的抱怨，我的心情又一下子跌到谷底。

25 岁那年，我走进了第一段婚姻。但是，母亲对我的影响根深蒂固，在那段婚姻里，我也会抱怨、指责，就像当年母亲对待我一样。而我那时的丈夫同样来自单亲家庭，父母早年离异，和我一样，丈夫也不懂得如何去对待亲密关系。

两个对亲密关系都很陌生的人，这段婚姻的结局可想而知。1996 年，我选择了离婚，独自带着 5 岁和 1 岁的两个女儿离开。离婚的导火索，是对方有了外遇。我当时不认为我可以改变任何人，每个人都有自己的生活方式，我不会去继续伤害，能做的只有疏离。我在演艺圈发展多年，身边也有很多单亲妈妈，一个人快快乐乐地把孩子养得很好。我想，自己一个人也能养活两个孩子，而且还会比现在快乐。

离婚的力量，来自于我做了母亲。我是两个孩子的妈妈，没有力气再扮演丈夫的妈妈去完全地照顾他，所以选择了离开。

我看到过不少人口中说着爱孩子，但却在众目睽睽下骂他们"没用""丢脸"。深入了解后，才发现很多人和我一样，都缺少好的模范与榜样。充满抱怨的人生，无趣、痛苦又没有希望，我想要摆脱，做一个快乐的女儿，更要做女儿们的快乐榜样。我也希望天下所有父母都能早日觉知：你是孩子的天、孩子的地、孩子的世界，所以要善用善意、善心和善行。没有任何事情比善待自己的子女更神圣、更有价值，因为孩子是这个世界上最弱势的群体。

我骂你其实与你无关，是因为情绪管理不好

离婚后的我，和几个女性朋友住在了一起。从那时起，我大量减少演艺工作，开始系统地接触、研究心理学，美国著名心理专家西恩的《失落的幸福经典》，对我影响深远。在这本书里，作者说："人生并不是一个辛苦的奋斗历程，而是一场轻松的游戏；如果能训练自己的想象力，只想象美好的事物，并正确地运用言语的力量，每个'正当的内心渴望'都会在生活中实现。"

如何实现身为一个母亲单纯爱孩子的"正当内心渴望"？如何做到爱就是单纯地爱，而不是以责骂、抱怨的方式去"爱"？为何有的人满嘴是爱，却面目狰狞？我想要一一找到答案。

有一天，我发现一个美国朋友因为孩子大声嚷嚷，狠狠地责骂并惩罚了孩子。但是很快，这位朋友就对孩子道歉："对不起宝贝，我刚才骂你，不是因为你大声说话，而是因为我工作出了点问题，是我没有管理好自己的情绪。"

父母过得不开心，满心抱怨，或者负面情绪没有控制住，就会殃及孩子。每个人都会有坏情绪，我们总会因为这样那样的事不开心，将情绪宣泄到孩子身上，但事后，却总会冠以"我这么做是爱

你，为你好”的借口。

没错，孩子也许会在心底认同“妈妈（爸爸）是爱我的”，但是这面目狰狞的“爱”，却让孩子被恐惧和担忧所包围。恐惧和担忧怎么会让他们快乐，又怎么会是爱？所有父母都应该明确的就是：我骂你，跟你无关，而是因为我们自己的情绪管理不好，我们没有付出爱而是一直躲在爱的后面。

还有一些父母的“不快乐”，其实是源于养育孩子过程中的不自信和自责。在多年的心理咨询工作中，我见了太多这样的家长。“因为我是单亲妈妈，所以我要千方百计让女儿出人头地。否则，所有人都会说我没本事，没用心！”“他妈妈跟别人跑了，我一个大男人带一个孩子，容易吗？他怎么就不明白我打他、骂他，其实是爱呢！”这种父母当然也爱孩子，但却爱得很曲折，甚至用的是错误的方式，实际上给孩子带来的是伤害、自责和巨大的压力。

那些打骂孩子的行为背后，父母的不开心其实是源于对自己现状的恐慌、对伴侣的不满或无法得到家人的重视。而所有的这些，都是成人自己的人生课题，不能转嫁、迁怒到孩子身上。

那么，父母到底应该如何做，才不会把坏情绪“传染”给孩子呢？

首先要做到的是“口不出恶言”。口不出恶言就是不骂孩子，不对孩子说难听的话。两个女儿非常小的时候，我就告诉她们：“见到妈妈发脾气时，赶快跑！不要成为我情绪的受害者。”所以她们只要看到我不说话了，表情不对劲了，就会赶紧跑掉。对那些没有做到口不出恶言的父母，我的建议是，事后向孩子道歉，告诉他们，自己这么做不是因为他们的原因，而是因为自己有情绪，然后请求他们的理解和原谅。

但口不出恶言、道歉，还只是浅层次的情绪管理。真的要做到情绪管理，让孩子感受到爱并生活得快乐，我们要做的，还是要先让自己快乐起来。

让自己快乐的第一步，就是把自己照顾得好好的。这个道理，是我现在的丈夫谢志鸿告诉我的。丈夫的原生家庭中，一家人都相亲相爱，也让我对“爱自己”有了全新的认识。我丈夫 60 多岁了，但依然保持着 20 多岁的好身材。因为他知道身体发肤受之父母，父母经过战乱、饥荒后才存活下来，所以他的生命得来不易，一定要好好爱护。一个总是好好管理自己的身材和身体的人，就具备了让自己快乐的最基本要素。

让自己快乐的第二步，是拥有快乐的能力。对我和我见过的很多快乐父母来说，让自己快乐的能力，就是做自己喜欢的事，不惧怕改变和创新。现在的我身兼多重身份，我最喜欢的工作是心理咨询，偶尔也会去拍戏、演舞台剧和音乐剧。我很喜欢挑战新事物，在不断开发自己、了解和认识自己的过程中乐此不疲。

我忙得不亦乐乎，哪里有时间对孩子和先生发脾气？所以，一个女人结婚、做母亲后，依然敢追求梦想，情绪是不太会出现问题的。对成年的子女来说，只要母亲开心、快乐，同时当需要的时候，母亲能够腾出时间来支持、陪伴、鼓励自己，一切就已足够。

管理好自己的情绪，处理好自己和孩子的关系后，我们还得转过头去，从“心”开始，面对原生家庭带给我们的伤害，与父母和解。

没有哪一个人怨恨父母，还能过得幸福快乐

20 岁那年，我第一次见到了父亲。之前，我曾多次幻想，见到爸爸时，一定要过去甩他两巴掌，然后大声告诉他："你看，没有你我也过得很好！"我觉得唯有这样，才能替妈妈出气。但是真的见到了父亲后，委屈、失落和遗憾齐齐浮上心头。原来对父亲怨恨的背后，是深深的爱。

我相信很多做子女的，都有替妈妈出一口气的想法。但那些其实都是脑子里的，或者说是我们内心深处的父亲的形象，这让我们一直对他充满敌意。我见到的父亲，其实是孝顺父母、疼爱孩子的好男人，他高大英俊、温文尔雅。更重要的是，我能从他见到我的欣喜表情里，从他一遍遍夸赞我漂亮、有才华的言语里，看出他是真的爱我，他也曾经爱过母亲。他不是母亲口中的那个没良心的男人，至少我见到的他，早已不是当年那个不负责任的男人。所以我选择坐下来和父亲好好沟通，而不是口出恶言伤害他。

我了解到，父亲当年之所以抛弃我和母亲，其实有着不得已的原因。父亲是家中的独子，家中有需要他照顾的父母。他出生在美国中南部的一个偏远小镇，时隔多年，那里的人们依然对外来种族有着很大的偏见。我可以想象当年父亲之所以没有带我和母亲回到美国，是因为在当时的情况下，这可能是最好的选择。

母亲陪着我从美国洛杉矶一路开车到了中南部父亲的家乡，即便这个时候父亲身旁站着另一个女人和他们的孩子，母亲依然表现得很有风度，回家的途中，我夸赞母亲表现得很好。母亲说："其

实你表现得更好，妈妈爱你，不想给你丢脸。”简单的一句话，却让我潸然泪下。看来时过境迁，母亲已经放下了对父亲的恨意，她不想再过那种满是抱怨和指责的生活了。这个过程很长，但母亲做到了。

那一刻，我对母亲有了全新的认识。是的，父母本来就不可能完美。在过去的很多年里，大家的生活条件都很艰苦，为了求生存，无法兼顾孩子的心理需求。爱的表达流于匮乏、冷淡或草率，是不争的事实。我很感谢母亲陪伴我一起去见父亲，这次见面带来的不是持续的抱怨和指责，而是原谅、释然和放下所有的恨和怨。

1998 年，我刚走入第二段婚姻不久，母亲患肝癌离世。母亲离世前，我的丈夫向病榻前的母亲承诺：一定会照顾好我和我的两个女儿。母亲对我说：“我很快乐！”她的这句话，让我第一次觉得，我是一个很棒的女儿，而母亲的这一生，也算是圆满了，因为她是带着笑容离开这个世界的。

母亲去世后，我和父亲的联系更为紧密。虽然心里面有些结，但是我选择慢慢和父亲谈，我让他知道我的哀伤、遗憾还有我对父爱的渴望。我和父亲的关系越来越好，每年至少有一次，我会带着孩子去美国看望父亲，父亲有时也会来看望我。父女俩在一起的时光，总是充满欢笑，聊到母亲时，也都是甜蜜回忆。我很庆幸地看到，其实父母对子女抱怨、指责和谩骂的背后，都是无可替代的深深的爱。

即使今天我已经拥有丈夫与孩子的爱，有朋友、学生、老师、读者和歌迷的爱，但母亲那句“这世上没有其他人要你”，还是会时不时地在我脑中打转，特别是当我遇到挫折、情绪低落的时候。在很深很深的潜意识里，我依然会感受到那句话的存在。

因为受过的伤，总会留下伤疤。但不要紧，我们要正视疤痕，然后努力疗愈。当母亲曾经带给我们的不快乐袭来时，请把它摊到阳光下，跟事实对比，然后告诉自己：这些与自己无关，都已经过去了。

认知自己有价值、有人爱、值得爱，对很多人来说是一条漫长的寻找之路，有人走过人漫长的一生却从来不曾相信。但所幸我历经漫长曲折，最终却迎来了如今幸福的生活。

人物

资深心理咨询师，国内知名心理专栏作家。创办“武志红心理咨询中心”，在国内多个城市有分部。著有《为何家会伤人》《身体知道答案》与《巨婴国》等书，作品销量超过百万册。

武志红

观点

妈妈决定婴儿。孩子心理健康、拥有活力的基础是有一个好的母婴关系；而好的母婴关系，源于妈妈被家人尊重和关爱。

母婴关系决定孩子一生

母爱是人类的天性，可为什么有的妈妈，总是回避和孩子的亲密关系，不敢碰触孩子；有的妈妈，一看见有活力的孩子就感到恐惧，总是要求孩子安静、别吵；有的妈妈忽略孩子的存在，甚至把他落在商场或车里？

这是因为她们心中有一个糟糕的内在婴儿。

内在婴儿，是婴儿时期在我们内心中的留影，是我们内在最深、最真实的部分。由于没有建立良好的母婴关系，有的人在婴儿阶段没有得到满足，甚至受到过严重的伤害，心理年龄卡在了婴儿期。所以，当她们成为母亲时，不知如何对待自己的孩子，而做出一些糟糕的行为，无意中伤害了孩子，重蹈自己的覆辙。了解自己的内在婴儿，能够帮助我们认识真实的自己，而认识是疗愈心伤的第一步。

妈妈在身边，对婴儿来说很重要

为了让大家“碰触”到自己的内在婴儿，我发明了一个小练习，方法非常简单：安静，闭上眼睛，花 5 分钟感受身体。足够放松后，想象一个婴儿在你身边，他会在哪个位置？他是什么样子？什么神情？看着他，他会和你构建一个什么样的关系？他，便是你内在的婴儿。

我曾经多次带领学员做这个练习。每次结果都差不多：不到三分之一的内在婴儿还不错，但是其中健康活泼的少；三分之一左右的内在婴儿是中性的，但是体温偏冷，活力不足；还有超过三分之一的内在婴儿的形象是恐怖的。

有位心理学家说：“在这个世界上，没有婴儿这回事，有的只是母婴关系。”所以，妈妈在身边，对婴儿来说很重要。

有一位女士做练习时，感受到的是非常可怕的绝望和仇恨。这位女士很困惑：“为什么会这样呢？”

后来，她从母亲那里了解到，在她婴儿期时，家里很穷，母亲工作非常辛苦，父亲经常不在家，身边还没有老人帮忙。母亲每天上班前，把女儿放在床上，围了一圈被褥，防止她摔下去。没有妈妈在身边，她得不到足够的照料，长时间孤独。即使哭得再用力，妈妈也不会回来，渐渐地，她不再哭闹，变成了一个很乖的孩子，因为她的内心已经绝望了。而长大后，她变成了一个超级好的女人，人畜无害，连只蚂蚁都舍不得踩死。

这位女士的人缘很好，以前没觉得自己有什么问题。可是，当她做了妈妈后，便开始恐惧和孩子之间的亲密关系。在做想象练习时，这位女士发现自己与孩子之间，有一个巨大的“球”挡在中间。我问她：“如果把这个球拿掉，你和孩子直接碰触的话，你感觉怎么样？”她说：“我感觉非常慌，感觉自己会崩溃！”

这位女士渴望和孩子亲密起来，也爱自己的孩子。但是，因为她自己从来没有从母亲那里享受过亲密，所以，如果突然之间让她和孩子亲密，就会引起很多的反应——绝望、仇恨等婴儿时期被伤害的记忆和感受全都被唤醒了。她非常害怕，本能地回避亲密关系。

我的老家在河北农村，很多妈妈出了月子后，就把孩子放在炕上，自己下地干活。有一天，妈妈回来，突然发现：咦，孩子会走路了！很多孩子就是伴随着这种无助和孤独长大的。

1岁之前的婴儿，假如让他自己待着，那是非常糟糕的事。因为婴儿什么行动能力都没有，哪怕是一只苍蝇、蚊子攻击他，他都会觉得无能为力。而这种无助极其可怕，他什么都做不了，只能在那里捱着。这样长大的人，心理往往会有严重的缺失，把自己防御得特别严密，难以和人建立稳定的亲密关系，严重的话，甚至可能会患上精神分裂症、抑郁症或者躁狂症等。

我曾接待过一位男性来访者，他经常会做一个噩梦：在一个巨大的房间里，有一只巨大的苍蝇。他躲在地毯下面，不敢露头。这个梦反映的是他在婴儿时期对世界的感知：婴儿时期的他躺在房间里，觉得房间超级大，而自己特别渺小。很可能，有一只苍蝇严重骚扰过他，对他的心理产生了很大的冲击。所以长大后，他把外界对他的侵扰，都视为苍蝇。假如当时妈妈在他的身边，那只苍蝇早就被拍死了，他不会如此无助和恐惧，以致这种无助和恐惧一直蔓延到成年。

如果长期得不到妈妈的照料或者心理没有得到满足，那么这样的人的内在婴儿也可能是形象恐怖但很有活力的。他会有两个内心：一个是绝望，这个世界上没有人爱我；另一个是仇恨，愤世嫉俗。

内在婴儿是这种类型的人，往往会压制自己的活力；做了妈妈之后，恐惧自己孩子的活力。因为婴儿时期的创伤，让她们把活力等同于绝望、仇恨、破坏。另外，由于自己在婴儿期没有安全感，她们认为外部世界是破坏性的、不可信的，自己一不留神，孩子就会有危险。所以，她们要求孩子听话、顺从，遵守这个世界的规则，甚至用暴力的方式，拼命压制孩子的活力。我的母亲就是如此，她最常对我说的话就是“安静，别吵”。而孩子之所以遵守规则，不是出于爱，而是出于恐惧，活在时刻要被惩罚的感觉里。

活力，是一种生命力，连接着很多美好的事物，比如爱、创造力、个性等等。有活力的孩子，将来才更有创造力，更加热爱生活，享受生活。拥有活力的基础是有一个良好的母婴关系，这样妈妈才能接纳孩子的活力。

遗憾的是，有些人因为从小受到父母压制，丧失了活力。对伴侣的情感表达，都是含蓄、被动的；很少肯定孩子，不肯热情洋溢地表扬孩子，做出爱的表达……这些都是活力丧失的表现。这些人，如同《魔戒》里的半兽人，每天被坏巫师用鞭子抽打着，努力地工作，带着恐惧奔跑，也不知道是为什么；如同《英雄》中的秦兵，列队整整齐齐，但一个个面目僵硬。

被妈妈极度忽视的婴儿，有一颗破碎的灵魂

如果一个人在婴儿时期被妈妈极度忽视，那么，他的内在婴儿可能是不完整的。因为，妈妈是婴儿的镜子，只有妈妈看见婴儿，婴儿才知道自己存在；如果妈妈对婴儿本身是什么样子的毫无兴趣，只能看到婴儿的一部分，那么婴儿的自我形象就是破碎的，不完整的。

一位妈妈对我说："在孩子 1 岁之前，我对他一点儿感觉都没有，完全没有进入做妈妈的状态！有一次，我带孩子去商场购物，居然把他落在了购物车里……"这位妈妈的内在婴儿就是残缺的。她和内在婴儿处于严重隔离的状态。"这是我的孩子，是从我身上掉下来的肉，孩子的一呼一吸都会牵动我的心"——她完全没有这

种做妈妈的感觉，不能跟孩子之间建立依恋。她必须通过头脑拼命地提醒自己，才能够知道孩子在这里。

这位妈妈出生在一个多子女家庭，兄弟姐妹五个，她是老四。母亲既要照顾瘫痪的婆婆，又要照顾一大堆孩子，每天忙得团团转。当她还是婴儿时，母亲经常忙着做串珠包赚钱。做手工需要全神贯注，而且很费眼睛，所以母亲的目光很少在孩子的脸上、身体上停驻。在婴儿期被母亲严重忽视的她，自己做了妈妈后，也一样极度忽视自己的孩子，仿佛是一种生命的轮回。

有一个优秀的女孩告诉我，她看见的内在婴儿是不完整的，她连走上前抱一抱婴儿时期的自己都不敢。事实上，这种破碎、残缺的感觉，充斥着她的整个生命。为了对抗破碎感，她选择用完美主义来保护自己。结果因为她太完美，把追求者都吓跑了。而她和家人之间的感情，也有很大的隔阂。完美主义就像一个硬硬的壳，把她严严实实地包裹在里面，让人看不到她柔软的内心。然而这种壳就如同蜗牛的外壳一般，看起来很坚硬，其实不堪一击。咨询后，我发现，这个女孩在婴儿时期，也是极少得到妈妈的关注的。

恐怖的内在婴儿，诉说对妈妈爱的渴望

恐怖的内在婴儿，并不局限于以上这几种意象。无论多么恐怖，他诉说的都是受伤的心灵，对妈妈爱的渴望。妈妈决定婴儿，妈妈改变得越早，对婴儿越好。如果妈妈已经错过孩子的婴儿期，也可以努力补救。我建议妈妈多陪伴孩子，构建亲密、快乐的关

系，化解孩子内心深处的绝望和仇恨；让孩子的活力用良好的方式表达，在爱、温暖、理解、接纳、亲密中流动。

虽然，妈妈任何时候改变，对孩子来说都是好事，但是最好是在孩子青春期前。因为到了青春期，孩子会变得独立和叛逆，有心事也不愿意跟大人讲，母子亲密关系不容易建立。而在青春期之前，孩子是比较依恋妈妈的，补救相对容易一些。

如果受伤的婴儿已经长大成人，甚至做了妈妈，那么她自己内在的改变才是最重要的。她首先要认识到，自己的内在婴儿是什么样的。假如是有怨气的婴儿，这意味着自己的内心是充满绝望和怨恨的。绝望的背后，是爱的渴望；因为没有得到爱，所以才会怨恨。在这种情况下，她可以把内心的怨恨和绝望表达出来，让内在的东西流动起来。先把毒流出来，内心才能出现纯净的对爱的渴望。

如果内在婴儿是个健康的婴儿，只是离自己比较远，那么，她可以在想象中往前走一步，去抱抱他。多次练习后，现实中的自己也会发生一定改变。假如婴儿的形象恐怖，这表明妈妈的内心受到了严重的伤害。建议这样的妈妈找专业的心理咨询师求助，因为这不是做一个小练习就能够治愈的。

另外，很多父母认为孩子 3 岁之前不记事，怎么对待他都行。我坚决反对这种观点，因为如果在孩子 3 岁之前，妈妈和孩子分离超过两周，那么孩子的被抛弃的创伤将是不可逆的。孩子越小，心理就越脆弱，受到的伤害就越难以弥补。所以，建立良好的母婴关系，让妈妈能够触碰到婴儿的心灵，这是非常重要的。

家庭支持妈妈，妈妈支持孩子

妈妈需要家庭的支持

我发现，很多妈妈之所以不能积极地感受、关注、回应婴儿，是因为她们没有从家庭中获得支持，丧失了爱的活力。“家庭”，既包括婚前和父母一起生活的原生家庭，也包括婚后和丈夫一起建立的核心家庭。

有一次，我带领工作坊里的所有学员做练习，很多女学员看见的内在婴儿竟然是男孩。显然，她们在内心深处不接受自己的性别。如果一个女孩，从胚胎和婴儿时期，父母对她的期待就是男孩，那么，长大后，她自然而然地会觉得，身为女孩是一个错误，希望自己成为父母所期待的男孩。但是，如果连自己的性别都接受不了，那么，她又如何接纳自己的母亲角色呢？这样的妈妈，很让人担心。

现在有很多年轻妈妈，学习了心理学后，开始有意识地构建良好的母婴关系，想给孩子一个快乐的童年。但是，假如妈妈是在重男轻女的家庭中长大的，内心充满了恐惧与自卑，那么，即使她们很用心，也很难成为一个好妈妈，她们的孩子，也很可能有严重的心理问题。

我的母亲，在丈夫的家族中就没有得到尊重。由于长期受到婆家人的欺负，她处于严重抑郁的状态。只要一和婆家人有冲突，就会气得躺在床上不能动弹。

虽然，她是全村唯一的全职妈妈，一直抱着我到 1 岁 4 个月，喂奶到我 5 岁，但是，我们的母婴关系质量却不高。因为，她经常是有气无力地躺在婴儿时期的我的身边。当我有需求时，她也常常无法回应。不触摸、不说话、不笑……不能和婴儿进行互动的妈妈，是“不存在的”。所以，这样努力想爱孩子的妈妈，依然在心理上给我留下了被抛弃的创伤。

妈妈需要丈夫的支持

我们都知道，最应该给妻子支持的人是丈夫。在婚姻中，往往是妻子先觉醒。可是，假如只有妻子一个人觉醒，那么她就太累了。最理想的状态是，丈夫也能觉醒，给妻子有力的支持，让她感觉被重视和被爱，给她提供安全和被保护的环境。这样，等妻子做了妈妈后，就能够把自己得到的这份爱、能量和情感传递给孩子，建立一个美好的母婴关系，养育出一个人格健全的孩子。

让我感到遗憾的是，目前来找我做咨询的人，女性与男性的比例是 7 ： 3，来上课的男性，更是寥寥无几。男性很容易陷在固有的逻辑里，经常会成为新式养育方法的最大反对者。

比如，有一位妻子跟我学习了“爱和自由”的理念，想和孩子构建亲密关系。丈夫却不理解：“你干吗整这么多事！孩子这么小，你就溺爱孩子，你爱过头了！”她与坚持传统育儿观的婆婆也发生了冲突。丈夫就更不高兴了：“你给我妈找麻烦！你就是因为学了心理学，所以事才这么多！”这位妻子虽然坚持自己正确的理念，但是内心却很沮丧、无力和悲伤。虽然，她是笑着陪伴孩子的，但不可避免地，孩子依然能感到妈妈的悲伤。

另一方面，好的母婴关系和“爱与自由”的教育理念，会让孩子充满活力，比其他孩子更加活泼、有个性。而这意味着，父母投入的精力，要比其他父母多得多。如果妈妈把大部分的关注和精力给了孩子，那么，丈夫可能会觉得自己被妻子忽视了。在中国，很容易出现孩子出生后，丈夫出轨的现象。

最简单的方法是，让丈夫参与进来。爸爸、妈妈和孩子构成的三角关系的亲密，这是最好的亲密。

前段时间，我去旅游，在法国塞纳河畔，我看见很多父母带着孩子一起玩耍。父母和孩子的感觉都特别放松，全身心地投入，有一种安住在当下的感觉。这让我非常感慨：有的父母和孩子玩时，总是匆忙地要带着孩子奔向下一个目的地，虽然他们也不知道，下一个目的地会有什么。

妈妈决定婴儿。孩子心理健康、拥有活力的基础是有一个好的母婴关系；而好的母婴关系，源于妈妈被家人尊重和关爱。

人物

曾任国际分析心理学会（IAAP）主席、波士顿荣格学院院长、《分析心理学》杂志主编。现任国际分析心理学会亚洲区协调人。曾多次来中国开展学术活动，为心理分析和沙盘游戏治疗在中国的传播做出了重要贡献。

——[美] 乔·凯布雷

观点

父亲“缺席”的家庭，若要让父亲“归位”，就必须把夫妻关系放在第一位。

中国爸爸为何“缺席”

还记得综艺节目《爸爸去哪儿》中的“密室一小时”吗？节目组让五对父子分别待在一个只有沙发的小房间内，观察他们是如何相处的。虽然这个环节的主题叫作“陪伴是最好的爱”，然而，结果却并不尽如人意。嘉宾胡军的一句话道出个中滋味：“相处这一小时我才发现，真不知道怎么和孩子交流。”而现实生活中，妈妈对爸爸的抱怨也不绝于耳：“他总没时间陪孩子！”“和孩子在一块儿他就知道看手机，从来不会逗逗孩子！”“孩子和他不亲，他真得好好反思！”难道，在家庭生活中，爸爸的“缺席”是普遍现象？这背后的原因到底是什么？

让父亲的心“融化”了的，是他们的孩子

我之前曾做过一个关于“第一次看到宝宝，你的心情怎么样？”的调查。几位新手爸爸见到宝贝后的第一反应都是相当激动的……

“当护士把刚出生不久的女儿递过来的时候，我手足无措。我把女儿架在胳膊上，使尽全身力气，绷足了劲儿，直愣愣地待着。当把女儿放到小床上后，才发现自己的手臂都酸了。眼前这个小家伙是自己的女儿吗？我着实反应不过来。”

“他的肤色白里透红，他的小嘴像樱桃。确切地讲，我觉得见到了一个陌生的小孩。”

“第一眼看到宝宝的时候，我觉得他怎么这么小啊，他的眼睛眯成了一条缝。这是我儿子吗？我努力寻找他和我长得像的地方，可是一时间也找不到，我有一种说不出的感觉。”

通常情况下，新手爸爸会在“还没反应过来这是我的孩子”的情况下，便被迫进入了“奶爸”的状态。他们一下子陷入了手忙脚乱的状态，洗奶瓶、冲奶粉、喂奶、洗尿布、抱孩子……遇到问题，解决问题，一切都是边学边做。创造生命便可以成为父亲，因

此，新生命的诞生对于男人来讲，具有极其重要的意义，从婴儿降生的那一刻起，这个男人便被赋予了作为“父亲”的责任与使命。于是，他们不由自主地进入了“父亲”的角色。而更深入的情感联结常常要到孩子几个月大以后，有了表情或肢体上的互动才会出现。

曾经有一位初为人父的爸爸告诉我，他真正有了做爸爸的感觉，大概是在儿子 4 个多月的时候。有一次，儿子着凉，发烧超过 39 摄氏度，妻子外出，只有他一个人在家里照顾孩子。看着小家伙病怏怏地没精神，他别提多心疼了。就在要抱起宝宝的时候，他忽然发现，宝宝认真地看着他，接下来竟伸出小手，在他脸上摸了一下，仿佛在说：“爸爸，你别着急，我会好起来的。”一瞬间，一种特别柔软的感觉涌上了心头。那一刻，父子间情感的流动深深地烙在了这位父亲的心里。

很多父亲对与孩子有深刻的情感联系的经历总是记忆犹新。“他几个月大的时候非常黏我，早上上班的时候，他总是抱着我的腿不让我走。”柔柔软软的小家伙让爸爸的心都化了，常常想要是能不上班在家陪娃该多好啊！

还有一位父亲，最初与女儿的情感联系却是“揪心”。宝宝因为早产进了儿科病房，很长一段时间只能吃奶粉。女儿不喜欢奶粉的味道，不肯吃，所以有时饿得“哇哇”大哭，这位父亲说自己当时“心都碎了！”

其实，男人坚强的外表下，深埋着一颗柔软的心。而触动他们最柔软的部分，让他们融化了、心碎了的，通常是他们的孩子。

揭开父亲“缺席”的秘密

既然父亲与孩子之间不乏深刻的情感联系，为什么妈妈们还经常抱怨：“你就不能多陪陪孩子吗？”许多父亲不知道如何与孩子相处，这究竟是为什么呢？

父亲“缺席”的原因之一：妻子太过强势

在中国家庭中，这样的场景经常上演，妈妈“领导”派活儿，让爸爸给孩子冲奶粉，同时把尿不湿拿进来，可爸爸们常常做了一件事，就忘了另外一件事，于是，就被数落了。在“领导们”看来，爸爸们在照顾孩子方面的水平实在不怎么样……一家三口在一起，爸爸总是显得笨手笨脚，而宝宝似乎也和妈妈更黏，这让一些爸爸感觉很不舒服。

在人类社会历史的早期，女性家长处于主导地位。因为男性有强健的身体，他们就成了较好的猎人和捍卫者。但是，他们无法与女性内在的、属地的角色竞争。这就是“男主外，女主内”的由来。而男人一旦突破界限，跨入家庭领地，通常会受到来自妻子（公开或隐蔽）的挑战。

生活中，妻子常常抱怨“他带孩子的方式我实在受不了”。比如，爸爸带孩子的时候，一会儿动动宝贝的胳膊，一会儿又动动他的小腿，有时候还故意在他的小屁股上拍一拍，仿佛孩子就是个大玩具；孩子流鼻涕或口水，他们常常像什么也没看见一样，依旧带着他们在房间里走来走去；喂孩子喝水时自己不先尝尝热不热，直接就把奶嘴往孩子嘴里放……所以，每次爸爸带孩子，都伴随着妈妈的唠叨。

面对妻子的数落，丈夫们特别不能理解。在很多男人看来，小孩子是有很大潜力的，大幅度地玩一玩，他会觉得更开心、更刺激，水温就算稍微热一点，也在可控范围之内，让他们自己体验，孩子反而更皮实。相反，过度的保护并不利于孩子性格的发展。

可是，时间长了，爸爸还是抵不过妈妈的唠叨，大多数时候也就照着妈妈说的做了。

女人爱不停地唠叨，除了本身女人的天性外，还因为生活不够充实、不能换位思考。很多女人有了孩子之后，推掉了聚会，不再打扮自己，注意力完全转向孩子，因此，会对孩子的任何细枝末节过分关注，也时常看不惯他人的做法。另外，男人有着与女人完全不同的大脑结构，因此，带孩子的方式也会不一样。他们虽然不够细腻，但是，粗犷的玩法会让孩子更皮实，孩子和爸爸在一起玩的游戏通常更豪放，更有力量，这对孩子的成长是不可或缺的。

可是，妻子的唠叨常常会摧毁丈夫的自信心，让他们在不知不觉中，在与孩子的关系中退到了从属地位。于是，形成了越被批评，越做不好，越做不好，越不想做的恶性循环。

父亲“缺席”的原因之二：传统观念的影响

造成爸爸与孩子疏离的第二个原因，在于传统观念的影响。自古以来，在世界各国思想和社会文化中，“天父意象”都占据着支配地位——男人的工作通常在外部世界。他的身份是家庭的保护者和供养者，大部分时间都是在家庭以外度过的——挣钱、应酬、发展孩子们将来需要的经济基础。在外部世界，他的行为突出展现了自己的生产能力、竞争性和积极进取。他崇尚数据和技术，并且凭能力增长来衡量所取得的进步。

在潜意识中，很多做了父亲的男性都认同这样的身份与角色。而当他们越过边界从外界跨入家庭时，他们的价值似乎就被打了折扣。

有这样一个家庭，儿子不到两岁，爸爸赶上了公司裁员，一时间工作没有着落，索性做起了全职奶爸。“他总是单独带着孩子玩儿，从来不参与其他家长和孩子的活动，表面上他说是因为孩子的需要，其实，他是觉得一个大男人天天在家带孩子面子上过不去。”妻子说。由于传统观念的影响，父亲角色常常会落脚在家庭边缘，而不是中心。只有当男人在外部世界获得外在的成功，他才更能够受到尊重，所以，很多男人的价值体现更多在于外在的成功。而他们也凭借外在的成功来确立自己在家庭中和在孩子心目中的位置。

这在传统的中国社会似乎不成问题，妻子心甘情愿地在家相夫教子。但是，随着时代的发展，女人在事业上拓展了自己的领地，甚至不亚于男人，因此，势必需要男人在家庭中付出更多，才能求得心理上的平衡。于是，矛盾由此而生。而许多爸爸则更加疏离家庭，离孩子越来越远。

父亲“缺席”的原因之三：老公“没长大”

爸爸“缺席”的第三个原因在于，家庭关系中爱的争夺。在家庭生活中处于主导地位的妻子，像照顾孩子一样照顾自己的老公，而老公也习惯于依赖老婆。按说，互补的夫妻应该从此过上幸福的生活。可是，孩子出生后，一切都会发生变化。

当妻子的注意力一下子投入到孩子身上时，丈夫便会觉得失去了以前的待遇，还经常被老婆指挥来指挥去，一会儿洗尿布，一会儿拿奶瓶。内心倍感失落的丈夫甚至可能会对这突如其来的小家伙感到有点厌烦。

面对这样的家庭关系，妻子也会感到压力很大。怀孕的辛苦、生产的艰辛，只有女人能体会。可是，孩子出生了，老公却一点儿忙也帮不上，还总是给自己拖后腿。妻子通常会身心俱疲，夫妻感情也可能遭遇前所未有的危机。

在这种典型的母子型的伴侣关系中，“长不大”的老公是无法承担起父亲的责任的。这样的男人通常在溺爱中成长，而他的婚姻关系无疑复制了原生家庭的亲子关系。他只体会过接纳和索取，因此，心理的成长阶段停留在了小孩子的“自我中心”期，即便有了自己的孩子，他也不容易进入做父亲的角色。

父亲的“缺席”让孩子缺失了“完整的爱”

按照精神分析的观点，父亲和母亲是孩子生命中的第一外在客体。孩子与父母的关系，常常影响着他们长大成人后的伴侣关系、亲子关系。如果在家庭教育中，母亲过于强势而把父亲排除在外，对于男孩子来讲，他们将会缺少一个强有力的父亲的形象作为榜样，从而过分依赖母亲。同时，这还会影响到男孩子果断、坚强、勇敢等男性特质的形成。而对女孩子来讲，她们的生命中无疑缺少了一位有力量的男性来保护自己，这样的女孩子，常常缺少安全感，长大后会在无意识中寻找一位“好父亲”，一旦遇到像父亲一样照顾自己的人，便容易被诱惑，或者通过控制的手段得到对方的爱。

除此之外，父亲与孩子的疏离，常常预示着在家庭关系中，爱的争夺暗流涌动。宝宝黏妈妈，让爸爸心里很不舒服，于是，争宠在家庭中常常上演。比如，宝宝手里有一块饼干，爸爸想借机试探儿子和自己的关系。于是，故意说：“宝宝，给爸爸吃一口。”结果，儿子不为所动。如果这时，妈妈马上说：“来，宝贝，给妈妈吃一口。”而儿子轻轻掰下一小块饼干，放到妈妈嘴里。那么此时，爸爸心里便会酸溜溜的。最让爸爸受不了的是，妈妈吃了儿子的饼干不满足，还要加上一句：“你看看，儿子为什么给我饼干不给你，你得好好反思自己！”

争宠看似是爱孩子的表现，实际上却会让孩子内心产生一种“分裂感”。孩子需要的是母亲的温柔包容与父亲的规则界限，两种爱珠联璧合，对孩子来讲才是完整的爱。而父母之间的争宠，会让孩子常常处于权衡与怀疑中，权衡如何才能得到更好的爱，怀疑如果处理不当，便得不到父亲或母亲的爱。

另外一种爱的争夺，就像上文提到的母子型伴侣一样，丈夫与孩子争夺伴侣的爱，这样的争夺对孩子的伤害也是非常大的。无意识中，孩子会觉得因为自己的到来，剥夺了妈妈对爸爸的爱，是自己不好。这样的家庭关系，很难让孩子形成真正的自信。

把夫妻关系放在第一位，才能让父亲“归位”

幸福的家庭关系是这样的：夫妻俩亲密并肩站立，孩子站在父母前面的中间位置，形成稳定的等腰三角形式的关系。当母子（女）黏得过紧，父亲“缺席”时，势必会造成孩子成长的不平衡。因此，若要让父亲“归位”，在家庭生活中，就必须把夫妻关系放在第一位。夫妻是彼此的最爱，孩子才能从父母的关系中学会乐观、互动、欣赏、爱恋。夫妻是彼此的最爱，才会基于双方的责任更爱对方的家人。对于父亲“缺席”的家庭，我有如下建议：

给妈妈的建议

1. 学习“退居二线”。妈妈可以试着给自己“放个假”，适当把精力从孩子身上转移开。比如，找朋友小聚，或者出去逛逛街。这样，一方面妈妈可以从繁杂琐碎的事物中抽身，好好放松一下；另一方面，也可以给爸爸和孩子单独相处的时间。妈妈们要相信男人带孩子的潜能——你在的时候，他可能笨手笨脚，你一旦离开，他便担负起了照顾孩子的全部责任。

2. 聆听老公的心声。静下心来想一想：自从有了孩子，你们有多久没过“二人世界”的时间了？不妨找个机会，暂时将孩子交给奶奶爷爷或者姥姥姥爷，自己和老公找个悠闲的地方促膝长谈。你可以和他一起回顾一下曾经美好的时光，也可以听听他的心里在想什么，总之，要给老公和自己交流的空间。

给爸爸的建议

1. 多给妻子一些关爱。有些时候，妻子抱怨丈夫不关心孩子，实际上是“我都这么累了，你为什么不能替我分担？”“你为什么不心疼我？”等潜台词的变相表达。解读到妻子话中的这一层含义后，聪明的丈夫不妨换个思路，不要在孩子身上较劲，而是多给妻子一些赞美和鼓励，比如：“你今天真漂亮！”“哇！老婆，你太能干了！”

2. 适当改变观念。随着社会的发展，“好爸爸”的角色赋予男人的价值感也越来越多，一个成功的男人，应该不仅是好员工、好领导，也是一位好丈夫、好父亲。如此看来，男人是否可以分更多一些的精力给家庭呢？

和谐的夫妻关系，是和谐亲子关系的基础，也是父亲不再“缺席”的保证。无论是父亲还是母亲，回到自己本来的位置，才能给孩子最好的爱。

第三章

当冲突发生时，如何做父母

人物

哥伦比亚大学临床心理学博士，“父母和孩子并重”理论的主要倡导者，美国颇具影响力的育儿网站 AhaParenting.com 创始人兼总编，著有《父母平和 孩子快乐》等书。

——[美]劳拉·马卡姆

观点

育儿最重要的规则是针对父母，而非针对孩子的。父母首先要解决自身的问题，才能建立理想的亲子关系。

你是那种容易被孩子激怒的父母吗

为人父母，都希望给孩子以启迪，成为心态平和的父母。然而，这一美好期盼进展得并不顺利。父母或纠结于自己的过去和创伤，或执着于自己的权威和愤怒，或深陷于自己的付出和奉献，哪怕孩子犯下的一个不起眼的错误，都会让父母发怒甚至失控，父母在面对孩子的愤怒时，也不能够泰然处之。

毋庸置疑，面对冲突和愤怒，父母都希望自己可以再耐心一点儿，再放松一点儿，对孩子多一点儿鼓励和支持。可是，说起来容易，做起来难。那么，问题来了：父母不平和的背后到底隐藏着怎样的根源？父母又该如何调整，才能更加平和呢？

“爱的惩罚”：威胁、吼叫、殴打

在为家庭担任育儿指导工作时，我几乎每天都能看到父母的纠结和不平和，他们对孩子进行惩罚和训诫，让其吸取教训，即所谓“爱的惩罚”。

爱的惩罚——吼叫

“爱的惩罚”最常见的表现就是吼叫。当孩子无法控制自己时，父母也很难在思想上与他们保持一致，常常会有说“不”的冲动。觉得孩子的诉求不合理：“不，我现在没时间管你！”“不，别人都在看我们呢，你太让我丢脸了！”认为孩子表现不佳：“不，我到底哪儿做错了，你竟这样发脾气？”“不，为什么你就不能乖一点儿，按我说的去做呢？”吼叫过后，父母又常常会感到懊悔，还不断给自己找理由：你看到他做了什么吗？除了吼，我还能怎么让他认真地听我讲话？就算我吼他也没关系，他会明白我是爱他的……

果真如此吗？假设你的丈夫或妻子非常愤怒，对你大吼大叫；再假设他的体形是你的 3 倍，站在你面前就像一座大山；继续假设你需要完全依赖他为你提供食物、住所和保护，除此之外，你别无依靠。然后，认真感受这些情感，并将它们放大 1000 倍。当你对孩子大吼大叫时，他们的感受与你现在的感受是一样的。当然，如果孩子看起来并不畏惧父母的吼叫，并不意味着他没有受伤，只是说明他见证了父母太多的愤怒，已经有了抗拒心理。父母的愤怒越多，孩子的抗拒心理就越强。例如，乔治整天爱和小伙伴们腻在一起，一回到家就把自己关在房间里，不和妈妈进行任何分享。因为他从小就习惯了妈妈对他大吼大叫，他早已认定，在他和父母的相处中，吼叫会成为家常便饭，而他却无能为力，所以他的策略就是：我惹不起还躲不起吗？

爱的惩罚——威胁

也有的父母会表现得看似更加理性：告诉孩子后果。如果后果是自然结果，比如今天忘记吃午饭了，所以下午会觉得很饿，那么效果会不错。但如果其中加入了父母人为创造的因素，则更像是一种威胁，效果就另当别论了。比如，汤姆忘了带午饭，要求妈妈给他送过去。可妈妈很生气：“我在工作，不会专门给你去送饭。我希望这件事给你一个教训，下次你肯定就记住了。”虽然挨饿是一种“自然结果”，但妈妈的态度却让其变成了一种惩罚。此后，汤姆的确记住了带午饭，但他认为妈妈并不关心他，和妈妈在一起不是沉默不语就是胡乱顶嘴，让妈妈大为光火。

爱的惩罚——殴打

当然，最严重的惩罚还有殴打。在美国，大部分父母仍然会用到体罚的教育方式，2007年的统计资料表明，85%的青少年承认曾被父母打过耳光或打过屁股。很多父母认为，对于难以管教的孩子，除了体罚别无选择。鲍勃常常以大欺小，屡教不改之后，父亲乔伊就动手打了他，父亲觉得，如果再不严厉惩罚他，后果会不堪设想。但事实上，打人的后果或许更差。被父母殴打的小孩常常会承认这种教育方式的合理性，并渐渐认同这种行为。因为孩子不相信，爱自己的父母会故意伤害自己，所以，他认为自己应该原谅父母的行为。但是，这种压制痛苦记忆的做法，只会让他将来更可能打自己的孩子，循环往复。

无论是威胁、吼叫，还是殴打，父母都认为这是出于爱，是为了纠正孩子的错误行为，让他做得更好。然而，在辅导过众多家庭后，我发现，惩罚更容易让孩子相信他是个坏孩子——因为他行为不端，所以才惹父母愤怒。惩罚会阻止孩子承担责任，为了躲避惩罚，他会想尽办法推卸责任，并将精力更多地放在是否还会被抓住并再次接受惩罚上，而不是关注自身行为造成的不良影响。同时，因为父母的强势介入，孩子会认为正确行为不再是他的义务，而是权威人物（父母）的义务，对方有责任塑造他。于是，孩子与父母的亲情受损，亲子冲突只会愈演愈烈。

为何如此不平和

很多父母困惑：我知道惩罚和发怒是不对的，可这孩子真的不让人省心，这时候还让我保持平和，我怎么可能做得到呢？其实，这些不平和的根源在于父母自身的恐惧和焦虑。

很多父母接受了错误的观点，认为孩子不听话，就是在挑战他们的权威。当父母跟孩子说话时，如果孩子不能及时回应，父母就会很生气：为什么我跟他说话，他不理我，是没把我这个当爸（妈）的放在眼里吗？我都从来不敢这么对我爸妈！当父母要求孩子做什么事时，孩子如果找各种理由搪塞或拒绝，父母也会很不满：我是你爸（妈），让你做点事有这么难吗？现在就这么不听话，以后还了得？所以，必须采取行动，维护权威。

也有父母觉得自己受了委屈和伤害，感到非常愤怒，需要发泄。保罗写信给我抱怨，说儿子尼尔是个问题少年，成绩平平不说，还经常淘气，被老师点名“请家长”。为了惩罚尼尔，保罗取消了他的暑假旅行，还对他吼道：“如果没有进步，以后所有的暑假旅行都会被取消！”虽然尼尔“就范”了，但保罗分明感觉到他人在心不在。这让保罗非常生气，认为是尼尔故意和自己作对，惩罚必须升级。深入沟通后，我发现，保罗之所以如此不平和，是因为儿子和他的预期差距太大。为了尼尔，保罗丧偶后没有再婚；为了尼尔，保罗不仅身兼两职，还为他请了家庭教师。自己如此牺牲，儿子却不争气，保罗觉得自己的付出没有得到回报，满腹委屈无处诉说，儿子的不体谅更让他感到愤怒，所以，他必须发泄。

更多的时候，父母不平和是因为自己感到恐惧和无能为力。杰夫打了同学大卫，大卫挂了彩，要去医院治疗。杰夫的妈妈珍知道后火冒三丈：“你怎么这么不听话，闯这么大祸怎么办？”说着，她便朝着杰夫的屁股打了上去。杰夫被老师批评了一通，又被妈妈如此对待，便把自己关进书房，哭个不停。虽然心疼儿子，但珍却松了一口气，自己还不算太差劲，至少杰夫承诺下次不敢了。然而，珍心里却没有表面上这么淡定。从没遇过这种事的珍被吓坏了，她不知道该如何应对老师和大卫的父母，她也不知该如何纠正杰夫打人的恶劣行为。为了缓解焦虑、减轻自己的挫折感，她只好惩罚孩子，以此来告诉自己：我真的在努力解决问题。

无论是害怕权威遭到挑战，不满辛苦的付出被辜负，还是痛恨自己的无能为力，很多父母都是出于发泄自身的情绪而惩罚孩子。换句话说，父母惩罚孩子的目的不是出于爱护孩子，而是为了调整自己的情绪，释放自己内心的挫折感和忧虑，改善自身的感受，同时逃避对自己的愤怒和恢复平静后应该承担的责任。

怎样才能成为平和的父母

先解决自身的问题

父母的不平和源于自身的焦虑和恐惧，所以，想要成为平和的父母，首先要做的就是解决自身的问题。

很多父母都有过这样的经历：一位父亲常常重复自己父亲曾经的严厉教育方式，用来教育自己的孩子；一位母亲小时候一提要求就被打骂，于是她也这么对待自己的孩子……很多人从小就意识到，自己的情感没人重视，自己的感受甚至是危险的。所以，当自己的孩子情绪失控时，父母内心的“小我”便被激活，产生恐惧感，进而想要逃跑或者勃然大怒，表现出来的就是不知所措或者希望孩子闭嘴。珍妮就是这样一位妈妈。

麦克把妹妹打哭了，珍妮不问青红皂白，就对他一顿胖揍。不仅如此，麦克忘记带作业本这样的小事，都会让珍妮忍不住发火。通过交谈，我发现，珍妮从小就被父亲这样对待。只要做错事，父亲从不问原因，只会对她吼叫，甚至动手打她。我们自身的童年经历和早期创伤，不论大小，都是我们人格的一部分。孩子会以某种方式唤醒我们童年时期的不愉快经历，每当我们情绪动荡，这些经历就会占据主导地位。我们要有意识地分析自己的创伤，这样才有可能不给孩子造成新的创伤。

在我的指导下，珍妮开始有意识地认识到，当孩子“激怒”她的时候，正是触碰到她的心理创伤的时候。她不能以孩子为对象，重复自己童年的经历，而是要深吸一口气，按下暂停按钮，打破循环。然后，按下自己“故事”的重拨键。回顾过去，感受儿时的痛苦，虽然不能改变经历，却可以用崭新的视角重新审视自己。父亲骂自己、打自己，让她认为自己是坏小孩，她需要更深地意识到，父亲当时非常担心她，但他无法控制自己。珍妮和其他孩子一样，只是以自己所知的方式需求关爱和关注。当然，接受自己的故事并重新改写，过程会很痛苦，但也是一种解放，一旦治愈这些创伤，它们就会成为财富。

所以，当冲突发生时，必须明白，父母根本不可能控制孩子，却可以控制自己、学会自我调整。每个人都会有或多或少的童年创伤，孩子会以不同的方式告诉父母创伤的位置，让自己回想起昔日的恐惧和愤怒。父母必须以成年人的方式，打破童年创伤的循环，学会正确应对这些时刻，做出主动反应，以足够的冷静面对孩子的行为以及行为背后的情感需求。这种内在的成长极为艰难，却也极为有效。

关注孩子不当行为背后的诉求

当调整好自己的情绪后，父母才有精力关注孩子不当行为背后的诉求。每个孩子都会经历恐惧、愤怒、挫折和哀伤，他们需要表达这些感受，并希望父母倾听，他们的不当行为就是一种信号。

杰夫突然变得执拗，一会儿嚷着让爸爸买自行车，一会儿让妈妈做便当，得到满足后，又会提出新的要求。这让史密斯夫妇很生气，认为杰夫是个问题孩子，必须交给我来管教。很快，我发现，杰夫的妹妹出生后，杰夫才有了这样的行为。原来，他是在向父母索求关注，希望可以得到和妹妹一样的爱。

另一个孩子米莉放学回家后，开始了各种破坏行为，拿着爸爸的鼓敲个不停，还把奶奶的梳子给折断了。爸爸大声喝止，并让她给奶奶道歉，却遭到了米莉的拒绝。经过耐心引导，我发现米莉是因为在学校被欺负了，不敢告诉父母，只好自己找个方式发泄。

当孩子遭遇某些让他恐惧的情感时，尽管他非常清楚“规矩”，但却无法控制，只能通过不当行为发出求救信号，表明他的内心受到了伤害，需要父母的帮助。他需要向父母展示，他受到了多大的伤害，直到父母听到了他的痛苦；他需要父母接受他的愤怒，帮他顺利克服愤怒背后的哀伤与恐惧。如果父母认真倾听孩子的表达，并让他知道你非常重视他的需求，他便不再需要以愤怒作为防御手段，愤怒也会随之消散。反之，如果父母不予回应或是给予惩罚，其实是在告诉他，愤怒是不可接受的，他就会设法压制，一旦时机成熟便会有更大的爆发。

父母是孩子最好的榜样

父母要先关注自己的需求

在我看来，孩子和成年人一样对武力和控制具有反叛的本能。所以，父母要做的不是试图对孩子实施控制，希望他们立刻被驯服，而是要学会处理他们的情感，管理他们的行为。相信孩子的力量，让他们自己解决问题。而要做到这一点，父母就必须学会关注自己的需求，做好自己的情绪管理。

坐过飞机的人都知道，如果遇到危险，父母要先戴上氧气罩，然后再给孩子戴。为什么呢？因为孩子不能或不会正确使用氧气罩，一旦父母出现生理障碍，孩子救不了他们，也救不了自己。因此，即使父母需要牺牲自己来挽救孩子，他们也有责任先将氧气罩给自己戴上。

同样，孩子也不能自行管理愤怒。他无法阻止内心的羡慕，打了妹妹；他觉得自己不被父母深爱，要赖求关注……那么，与乘飞机戴氧气罩一样，父母有责任帮助孩子正确管理自己的情绪，进而帮助他们管理自己的行为。如果此时，父母过度紧张，导致精力耗尽，就会像在飞机上失去知觉一样，根本无力再帮助孩子。所以，平和的父母的首要任务就是要正视自己的内心状态，关注自己的感受，但不受它的驱使采取行动。

确保父母自身的杯子永远是满的，才能够保证自己有足够的快乐和时间与孩子一起分享，这样，他们才能变得更快乐，也更愿意配合。反之，如果父母自己经常感到愤恨、疲惫，或者脑海中总是充满对孩子的负面想法，那么，这样的父母根本无法做到分享快乐，孩子也会不开心，甚至还会和父母对着干。当父母忘了给予自己充分的关注，才会感到自己的权利被剥夺，于是表现得消极、怨恨、没有耐心，面对问题频出的孩子，心态如何能平和？

父母要学会“养育”自己

当然，想要做到这点并非易事，父母必须学会正确“养育”自己。当你感到极度疲惫时，可以试着关注重要的事情，比如是否拥抱了孩子，并告诉他你非常爱他？孩子能感觉到父母的疲惫，并通过行动表达。你可以寻求他人的支持，比如找一位知己，向他倾诉育儿的艰难；也可以做好自我支持，就像对待你爱的人一样，坦诚与自己交谈；或者将盘子暂时留在水槽中，痛痛快快地洗个热水澡；你还可以重新来过——如果你发现自己提高了嗓门，马上停下来，深呼吸，然后说：“噢，对不起，我不应该那样说……我们再来一遍……我的意思是说……”你在为自己的不当行为承担责任，你的孩子也不会认为自己很糟糕。你为他们做出了榜样，他们也会纠正自己的行为。

父母是孩子的榜样。通过观察父母如何控制自身的情感和行为，孩子会学习控制他们的情感和行为；通过观察父母如何平和快乐地生活，孩子也会收获快乐的成长经历。

人物

教育学博士，杰出的心理学家、教育家、加利福尼亚婚姻和家庭执业心理治疗师，美国“正面管教协会”创始人。著有《正面管教》等18本亲子书籍，其中《正面管教》在全球发行量超过600万册。

——[美]简·尼尔森

观点

正面管教的基本概念是，在纠正孩子的行为之前，先建立情感联结。因为孩子只有先感觉好，才会做得好。

孩子我爱你，但答案是“不”

面对孩子，我曾手足无措

今年76岁[①]的我是7个孩子的母亲、22个孩子的祖母、2个孩子的曾祖母。我时常开玩笑说：“因为有一个庞大的家庭，所以我有很多机会来实践正面管教！”

① 2013年5月，简·尼尔森接受《婚姻与家庭》杂志采访时76岁。

但是在学习相关的亲子教育理念之前，我只是一个普通的母亲，和所有人一样。和丈夫结婚的时候，我还非常年轻，正在上大学，从来没想过怎么去养育他们。在懵懵懂懂中，我生下了大儿子泰雷尔，当时我差 10 天满 19 岁。孩子出生后，有个朋友建议我一学期只修一门课，这样就可以有足够的时间来照顾孩子，而到我毕业的时候，孩子正好长大。但谁能想到，这个决定最后导致我花了 11 年才拿到本科学位，因为在大学期间，我又陆续生了 5 个孩子。

作为新手妈妈，我遇到了很多困难。至今我还清晰地记得，哄孩子让我有多困扰，如果不哄，孩子就会哇哇大哭，不能自己入睡。泰雷尔出生后，我的丈夫在军队服役，我和父母住在一起。我特别害怕儿子的哭声会把父母吵醒，因此没有睡过一个整觉，累得筋疲力尽。在养育前 5 个孩子时，我都有类似的睡眠问题。

随着孩子们陆续出生，我面对的问题越来越多。我对孩子们的教育方式也不太固定，时而严厉，时而骄纵，孩子们根本不知道什么是自律与合作，经常吵闹、打架。5 个精力充沛的孩子把家里搞得一团糟，每天早上不肯起床，不肯按时吃饭，不肯乖乖地出门上学；放学回到家，不写作业，不做家务，不收拾玩具；晚上不洗澡，不好好睡觉……那时的我面对这些混乱手足无措，只会威胁、吼叫，不停地大吼着："快点儿去睡觉""快点儿吃饭""快点儿去做家务"……当这些办法无济于事时，我一度沮丧地认为自己是一个笨蛋，一个失败的母亲。

最让我痛苦的，还是我和大儿子泰雷尔之间的矛盾。14 岁时，泰雷尔因为好奇，在家里的后院种了大麻。我知道后非常生气，因为不懂得策略，我对孩子说了很多难听的话，深深伤害了他。泰雷尔一气之下离家出走，搭车游遍美国，还找到了一个工作，自此之后很少回家。在我学到正面管教的理念、修补母子关系之前，他已经长大成人了。虽然，我和泰雷尔后来成了最好的朋友，但是曾经有很多年，母子之间的关系非常恶劣。

正面管教

在教育孩子感到很艰难的那些年，我非常感谢丈夫的合作。很早以前，我们两个人就达成了一个共识：当其中一个人控制不住自己的时候，另外一个人可以插手，这是合作，而不是“干涉”。每当愤怒的我开始对孩子喋喋不休地说教时，丈夫就会主动走过来，温柔地说：“亲爱的，你为什么不出去散散步呢？”于是，一场可能的“战斗”就这么被化解了。当丈夫控制不住自己时，我也会提议他去做一些轻松的事情。不过，这样的机会非常少，因为他的性格很温和，很有耐心，极少有需要我介入、帮忙的情况。

可即使有丈夫的帮忙，我依然很困惑：到底要怎么让孩子学会自律与合作，怎么能够让自己从与孩子的争斗与吵闹中解脱出来呢？

我大学本科读的是儿童发展专业，这些课程让我知道，孩子是可爱的天使，但并没有教会我如何处理和孩子之间的关系。幸运的是，在有了第五个孩子丽萨时，我第一次接触到了现代自我心理学之父阿尔弗雷德·阿德勒和美国著名儿童心理学家鲁道夫·德雷克斯的个体心理学理论。

在此理论基础上，我结合自己的实践经验，提出了“正面管教”的亲子理念。正面管教的基本概念是：在纠正孩子的行为之前，先建立情感联结。因为孩子只有先感觉好，才会做得好。“让孩子感觉好”，并不是说妈妈要对孩子有求必应，而是学会对孩子说“我爱你，但答案是‘不’”。

虽然中国和美国的文化不同，但作为妈妈，我们都爱孩子，都希望给他们最好的。如同中国父母相信“棍棒底下出孝子”，很多美国父母也相信对孩子用惩罚和羞辱的方式才有效。但惩罚和羞辱的方式，会让孩子感觉很糟糕，甚至丧失自尊和信心。

大约 30 年前，我在美国自费出版了《正面管教》，第一版的 2000 册很快就销售一空。我姨妈看完《正面管教》后，含着眼泪给我打电话，说：“我曾经确信，帮助女儿最好的方法，就是批评她。结果，女儿现在非常没有自信。如果我要是早知道正面管教就好了！”姨妈有好几个儿子，但只有这么一个女儿，可想而知，她看见心爱的女儿变成这样，心中是多么的痛苦和悔恨！

学习正面管教，你至少得掌握三点

正面管教的内容非常丰富，光是帮助孩子学习自律与合作的方法，就有日常惯例表、家庭会议、特别时光等。其中，我特别强调了三点：和善与坚定并行的态度、积极暂停的办法和专注于解决问题的原则。

和善与坚定并行

当你想去纠正孩子的某些行为前，一定要让他明白，你很爱他。只有先赢得孩子的心，他才会愿意与你合作。成功建立情感联结后，管教孩子时，必须坚持和善与坚定并行的态度。和善，是要尊重孩子，允许孩子表达自己的情绪，也可以进行有限制地选择；坚定，是尊重家长自己的原则，哪怕孩子哭闹，也绝不屈服。这也是正面管教与传统的严厉管教或娇纵孩子不同的地方，严厉管教缺乏“和善”，娇纵孩子缺乏“坚定”。

我要分享一个中国妈妈的故事，这是常住深圳的正面管教家长讲师甄颖的亲身经历。我是甄颖的直属导师。曾经，甄颖因为 4 岁的女儿不好好吃饭而头疼。学习正面管教后，她决定要采用和善与坚定并行的态度面对女儿。有一次，女儿又不肯好好吃饭，甄颖做的是面包，她却非要吃馄饨。甄颖就按照我教给她的办法说：“我不会重新做馄饨的。我们必须把面包吃完，然后去坐校车。”

女儿一下子就炸了！她跑到房间的另一边，隔着整个餐厅对妈妈尖叫：“妈妈我恨你，我要杀死你！”当时甄颖很生气，可是她突然想到我一再强调，要告诉孩子“我爱你”，于是她努力控制脾气，温和地说：“即使这样，我也爱你。”类似的对话重复几次后，女儿走过来抱住妈妈的腿，说：“妈妈我好生气，我觉得我现在不爱你了。可是我不喜欢这样，我也想爱你！”妈妈说：“没关系，虽然生气，但是你对妈妈的爱还在。妈妈一直都爱你！”最后女儿抱住妈妈说：“妈妈，我爱你！”妈妈又问：“你是愿意坐在我的腿上吃，还是坐在我身边吃呢？”女儿最后坐在妈妈的腿上，高高兴兴吃了半片面包，然后上学去了。

在这个故事里，妈妈一遍遍告诉女儿“我爱你”，是“和孩子建立情感联结”；不给孩子重新做早饭是“坚定”；允许孩子用不伤害妈妈的方式表达生气的情绪是“和善”；让孩子自己选择吃不吃早餐、坐在哪里吃早餐，就是“给孩子有限制的选择，让孩子既有规矩，也有自由”。

积极暂停

在正面管教中，“积极暂停”是一个非常有效的办法。它的目的不是惩罚孩子，而是给孩子一个积极的体验，让大人和孩子都感觉更好。具体做法是：由孩子布置一个自己喜欢的地方。当他情绪失控时，就去那个地方待一会儿，直到他平静下来。

举个例子，妈妈和 5 岁的儿子一起布置了一个暂停角——一个塞满玩具的蓝色帐篷。当孩子违反约定好的规则时，妈妈问他：“现在什么对你最有帮助呢？是去帐篷里待一会儿，还是把问题写在家庭会议日程表里？”儿子选择去帐篷里待一会儿。他在帐篷里玩了一会儿奥特曼，情绪很快就平静下来。等他从帐篷里爬出来时，已经把之前不愉快的事扔在一边了。

我建议，家长也可以在家里给自己布置一个暂停角，譬如沙发。如果孩子“积极暂停”后，依然坚持违反规则，那么家长可以到自己的暂停角待一会儿。不过离开孩子之前，一定要记得告诉孩子：“妈妈去暂停角待一会儿，等冷静下来，咱们再继续讨论这个问题。”没有孩子喜欢生气的大人，他一听妈妈会冷静下来，就能耐心地等着你，而不会感觉自己被妈妈抛下。

专注于解决问题

“专注于解决问题”是正面管教里解决孩子间纷争的一个重要原则。在多子女家庭中，孩子之间一旦发生矛盾，妈妈总会努力找出谁是犯错方，然后惩罚犯错的孩子，同时安慰无辜的孩子。但是这种做法会导致一个结果：被安慰的孩子，会在妈妈看不到的时候挑起争斗，以便再从妈妈的保护中享受那种特殊感，于是孩子们就会争斗不断。专注于解决问题，就是要妈妈平等地对待孩子，不偏袒任何一方；只关注问题的解决办法，而不去追究责任。

孩子吵架，就和夫妻吵架一样，双方都有责任。在发生争吵时，我会把孩子们各自带到不同的房间冷静一下，或者，将问题写入家庭会议日程表中，在家庭会议时，大家一起找出解决问题的方案。当我们能够平等对待他们时，当他们学会在相互尊重的前提下解决问题时，打闹就减少了 80%。这个原则同样适用于中国的多子女家庭。

正面管教，让全球数百万个家长和孩子终身受益。因为正面管教，我和孩子之间的关系越来越好。我们家有许多美好的“特别时光”，比如，大家一起吃饭的时间，固定的家庭会议时间。我们还经常一起野外露营（这是我丈夫的最爱），共同度过了许多令人享受的假期。有时候，我还会安排与每个孩子单独的“约会之夜”……更重要的是，孩子们非常肯定我的工作。当最小的两个孩子进入青春期时，全家曾经开了一个家庭会议，我告诉孩子们，我打算辞掉工作，做全职妈妈。孩子们当即抗议：“我们不想你停止工作，我们很为你自豪啊。”

直到今天，想起那一刻，我的心情还是久久不能平静。

没有完美的家长，也没有完美的孩子

没有完美的家长

既然正面管教的理念这么好，那是不是学会了正面管教，就能够成为不犯错的完美家长呢？答案是否定的。哪怕是我自己在教育孩子时，也常常会动摇。因为当家长真的很不容易，要面对各种各样的问题，需要那么多的耐心和爱。所以，我总是不厌其烦地和家长强调一点：“世上没有完美的家长。正面管教的一个基本理念就是：错误是最好的学习机会。”

在我的影响下，小女儿玛丽也开始从事正面管教的教育工作。有一天，玛丽问我：“妈妈，我出生的时候，您在做正面管教吗？”我回答：“对啊！”玛丽问：“那么，您记不记得，您曾经拿着皮鞭追着我满屋子跑？”我当时非常震惊，因为我对这件事毫无印象。我问：“你确定？”玛丽回答：“是的，我记得我跳过沙发逃避您的追逐！”我笑着说：“看来，你当时一定把我气疯了！”后来，无论我还是玛丽，都喜欢和家长们分享这个小故事。因为它可以帮助家长认识到：世上没有完美的家长，哪怕是创立或推广正面管教的人也不例外。

还有一次，玛丽没给 4 岁的儿子他想要的东西，儿子打了她，而她也“失去了控制”。玛丽非常沮丧，哭着说：“妈妈，我不确定自己能不能继续做正面管教，我都失去信心了。”我当即问她：“你在生活中使用正面管教的频率有多少呢？”玛丽回答说：“98% 的时间都在用。”我哈哈大笑起来：“我从来没有超过 80%！”玛丽听了这句话便很快平静下来，然后和儿子一起解决了问题。我真骄傲，玛丽现在做妈妈，比我当年出色得多。

两代育儿

在中国，有的家长因为自己不完美而焦虑、自责，有的家长认为自己足够完美，对其他家庭成员的教育方式进行批评、指责。最明显的例子是隔代长辈教育孩子的问题。很多学习了正面管教的年轻妈妈，认为自己的理念比老人先进，所以老人必须听自己的，因此两代人之间经常会发生冲突。事实上，正面管教的核心是改善自己、影响自己。我们要尊重老人，就像我们不能对孩子进行说教一样，我们也不能对老人说教。但是，我们可以用行动来向老人展示新方法的效果。

比如，早上孩子磨磨蹭蹭不肯去幼儿园，老人的办法是吓唬——“你再不走，警察就来抓你了”，或者利诱——“宝宝，你如果乖乖出门，奶奶就给你买好吃的”。那是因为老人只会这些方法，不会别的。妈妈不要硬邦邦地批评老人的办法，而是可以和孩子一起制定日常惯例表（规定孩子起床、穿衣服、刷牙、吃饭、出门的时间），并且画出来贴在墙上。因为惯例表是孩子自己制定的，他会乐于遵守。早晨起床、上学的问题解决了，老人感到轻松，也就容易接受妈妈的新方法。

和老人沟通时，也别忘记要先建立情感联结。我举个例子，爷爷给孩子买了很多玩具，妈妈认为这样不好，需要和爷爷沟通这件事情。妈妈首先要感谢爷爷对孩子的爱，然后再和爷爷、孩子三个人一起商量，什么时间买玩具、去哪儿买玩具、买什么玩具、买多少玩具这些具体问题，这样，问题就很容易解决。如果没有先建立情感联结，急于解决问题，那么爷爷就可能会直接拒绝：“有什么好商量的呀？我给自己孙子买玩具，还需要经过你们同意？”

关于两代育儿，我们要感激长辈的付出和爱。他能够帮助我们带孩子，是因为他爱我们。他爱的是两代人，而我们爱的其实只是一代人。

最后，我想告诉大家一件事：我们都不完美。在这个世上，没有完美的家长，也没有完美的孩子。正面管教的目的，不是让孩子变得完美，而是帮助孩子学会自我管理、自律与合作。孩子在挑战我们，我们同样也在挑战他们。作为家长，我们能做的就是不断学习和尝试，尽力做到自己的最好。而所有的努力，都是因为我们深深地爱着自己的孩子。

人物

心灵绘画师，园艺治疗师，YAI 国际静心引导师，中国台湾心灵作家。已出版作品《妈妈做自己，孩子就能做自己》《趁着年轻去流浪》《在爱里活着》等。

黄淑文

观点

为人父母，不只要看孩子的成长，也要更多地关注自己的成长。

中国父母都需要这三场和解

很多父母在养育孩子的过程中有这样那样的困惑，觉得怎么做都不对，怎么做都教育不好孩子。其实，这是因为父母心中有太多的纠结没有得到解决。比如有些人还没有处理好和上一代的亲子关系，有些人则常常跟自己较劲，还有些人跟孩子也处于对立的状态。这么多的问题没有疏解，怎么能放松、专注地来养育孩子呢？

与父母和解：找到爱的联结

很多人在谈到自己的不幸时，都会下意识地表态：这一切都是我的父母造成的！“父母离异，所以，我不知道如何去爱。”“我爸没出息，我跟谁学担当？”“还不是因为我妈管得太多，我才这么没主见。”一个孩子的成长固然离不开父母的影响，但这并不意味着父母就决定了孩子的所有，就像龙生九子各有不同，一对父母生养几个孩子，他们却可能长成不同的样子。

了解父母的童年

曾经我也是个埋怨父母的人。我嫁了个好老公，有一对可爱的孩子，还有一份人人羡慕的教师公职，可我一点儿也不快乐。很快，我就找到了“答案”。小时候，爸爸很专制，常常把孩子吊起来用鞭子抽。为了不被打，我从小就压抑自己，讨好父亲，不敢说想当作家，而是听从父命当了老师。而妈妈则想做什么就做什么，除了碎碎念，对我并没有太多关注。在我的印象里，父母更喜欢姐姐，因为姐姐是家里的第一个孩子，而我因为是老二又是女孩，很不受待见。不被父母爱和理解，这样的人生怎么会快乐呢？

当我把这些发现告诉姐姐时，姐姐表现得很惊讶：“你怎么会这么想呢？”紧接着，姐姐问道：“你知道爸爸妈妈是怎么长大的吗？”这句话一下子把我给问住了，因为我真的从来没想过。

姐姐告诉我，爸爸刚出生，奶奶就过世了，只剩下爷爷和他相依为命，对他不是打就是骂。没有被温柔对待过的爸爸以为，这就是爱。爸爸不是不想爱，而是不会。不会跟不想有没有差别？差别很大。不会是不知道方法，别人教可能就会了；不想则是不愿意做。姐姐决定教爸爸。每次爸爸要打她的时候，姐姐就会用撒娇的方式说："爸爸，你不要这样。"爸爸的心就软下来了。但我却只会硬碰硬，惹得爸爸更生气了。再看妈妈，她从小没有爸爸，只有一个很溺爱她的妈妈，所以她很任性，不会照顾人。

"他们一个没有爸爸，一个没有妈妈，我们是不是应该同情他们？"姐姐的一番话让我陷入了深思。以前每次被爸妈管教，或看到他们吵架，我都会很不耐烦，甚至责怪他们：为什么不能彼此相爱，为什么不能好好爱孩子？如今才知道，他们在一起很辛苦，养育孩子也尽了力。我对他们的情绪也从责怪、抱怨变成了理解、同情，甚至想更多地去爱他们。

后来，因为工作的关系，我陆续接触了很多生长于多子女家庭的人，他们虽然在同一个家庭长大，但性情天差地别，对父母的感情也大不相同。因为有的孩子善于去了解和理解父母，而有的却疏于做这些，更多的是用一种比较严厉的态度去解释自己的父母，指责父母不够温柔，抱怨父母不够聪慧，想当然地把自己的不幸归罪于他们，而忘记了有些责任原本是自己该承担的。其实，父母在养育孩子的时候，都是带着伤的。这些所谓不合格的父母也曾是无辜的孩子，也曾受过伤，他们在缺少爱与理解的环境中长大，需要理解和拥抱。

重新回顾父母养育自己的过程

在姐姐的启发下，我不仅了解了父母的童年经历，更重新回顾了父母养育自己的过程。父亲虽然严苛，但很有原则，因为一句承诺，连续好几年陪我晨跑，一次不落，即便他有时会工作到凌晨；母亲虽然看似不上心，但却给了我很多自由，让我能在成年后面对很多事情的时候和她一样洒脱。而至于父母坚持让我做不喜欢的工作，我也找到了新的答案。因为家庭需要，父亲不得不放弃做教师而选择了更赚钱的兽医，没做成教师也就成了他这辈子的缺憾。而母亲则因为经历过早年的艰辛，所以才希望我可以有一份稳定的工作，这是她对我的爱护。得知这些后，我鼓起勇气向父母表达了对他们的理解和感谢，同时也说出了自己的真实想法。因为沟通和理解，两代人之间的爱流动了起来。找到爱、找到根的我也找到了自己，在 35 岁时选择辞职，实现了自己的作家梦。

每个人都需要多花点儿时间去了解自己的父母，看看他们是如何长大的，又是如何把自己养大的。在这个过程中，你会对父母有更多的理解，和父母产生新的、爱的联结，与父母和解。而只有当你和父母和解了，才更有动力成为父母，也更有力量去构建与下一代之间的良好关系。

与自己和解：不完美才完整

父母最大的挑战是，老想着要把孩子塑造成一个怎么样的人，却不知道自己是一个怎么样的人。我见过很多完美主义的父母，他们对自己要求很高，什么都要做到最好，即便做不到也要硬撑，即便做错了也要否认。到头来把自己搞得很累不说，更是心有不甘，拿着这份劳苦要挟孩子。就像有些妈妈生病了，会跟孩子说："你看妈妈为什么会生病？还不是因为又要工作又要照顾你。"

要求完美的父母，对孩子也会要求极高。他们不允许孩子犯错，还要求孩子做一些压根儿做不到的事。父母的完美主义使得孩子倍感压力和挑战。一方面，他们要不断努力满足父母的期待，另一方面，他们根本无法做到尽善尽美，常常陷入极度的自责和自卑中。而孩子年幼时把父母想象成一个完美无缺的人，等到长大发现父母的缺点后，往往会变得非常失望，甚至会很愤怒。

在妈妈心理成长班中，我带领一些妈妈回顾童年的时候，总有人崩溃大哭。因为小时候，父母都曾完美地要求过她们。尽管她们很努力，换来的也不过是父母无尽的指责和打击。她们表面上表现得服从和愧疚，但内心却满是委屈和愤怒："你明明也不完美，你明明自己都做不到！"这种情绪一直伴随她们成长为妈妈，从未消散和疏解。

在我看来，决定一个孩子是否成熟的关键在于，能否了解父母也和我们一样是平凡的人，有优点也有缺点，有快乐也有悲伤，有奋斗的历程也有挫败的经历。只有认识并接纳这一点，做父母才不会那么累，孩子也才会变得轻松。

我辞职尝试写作时，儿子还很小。当时，我连着三次被退稿，泪水忍不住流了下来。儿子问我："妈妈，你怎么哭了？"我如实回答："我被退稿了，心里难过。"第四次，我又被退稿了。"妈妈，你怎么又哭了？主编不是告诉你怎么做了吗？"我抹着眼泪说："人家是说了，可是我做不到。"那个感受很特别。父母常常要求孩子："你就这么做就对了！"孩子说："我做不到。"父母对此很难理解，以为孩子是在强词夺理，批评、指责轮番上阵。可当自己经历后，才发现孩子不过是实话实说而已。

儿子说："妈妈，那怎么办？需要我帮忙吗？"我想了想，回答道："我想再试一次。如果可以的话，在我想怎么写的时候，能不能麻烦你去扫一下地呢？"然后，儿子就乖乖去做了。第九次时，文章终于上了报，我领到了 2000 元的稿费，我兴奋地向孩子们宣布："走，和妈妈一起庆祝去！"在这个过程中，孩子看到，妈妈追求梦想的过程当中也会受伤，也会流泪，也会努力了很久也做不到。当孩子遇到挫折时，至少他会努力做到第九次。

所以，父母不必是一个完美的典范，只要做一个完整的人就好了。有快乐有悲伤，有做得到的地方，也有做不到的地方，但却一直保持越挫越勇的决心和勇气。太累的时候，告诉孩子："我有点儿累，需要你帮忙。"太忙的时候，跟孩子说："现在有点儿忙，可以等等我吗？"心情不好的时候，对孩子说："我很难过，需要你们的拥抱，可以吗？"在这样的环境中，孩子从小就会知道，父母不完美。他们会欣然接受父母的不完美，也会坦然面对自己的不完美。有什么难过的事，都会愿意分享给父母；犯了错也不会担心被父母批评，而是很自然地向父母倾诉。我的女儿已经上初二了，但在学校有什么不舒服的时候，回到家里就会抱着我哭。

很多父母会过度强调一些方法、步骤，但其实这些都不需要。因为教养是内心发生的事，让自己在孩子面前成为一个有情有爱的人就够了，善待自己，知道痛苦如何发泄，懂得快乐如何表达，做一个不完美却完整的人。

与孩子和解：我们都曾是小孩

别把孩子当成自己的附属品

我认为，父母最大的一个毛病是，用权威把自己和孩子对立起来。他们常常摆出一副姿态："我是爸爸，我什么都懂！""我是妈妈，你就该听我的！"并且底气十足。"我吃过的盐比你吃过的米都多，当然有资格这么管教你啦！""我可是为你好，要不然，你将来怎么适应社会？"

父母之所以有这种心态，是因为他们认为孩子是自己的附属品。而这一点在妈妈身上表现得尤为明显。为什么呢？因为孩子在母亲的子宫里，吸收母亲的养分，并经由一条脐带与母亲紧紧相连。所以，孩子和母亲的生命是紧紧相依的，妈妈活着，孩子就活着；妈妈死了，孩子就死了。这种生死与共的感觉会让母亲误以为"孩子出生了就是我的一部分，是我存在的延伸"。当父母认定孩子是自己的附属品时，就会以为孩子什么都不知道，什么都需要父母填充和掌控。所以，就会对孩子有一种很强烈的掌控欲望，并通过高高在上的权威来实现。

然而，真相却是，孩子只是通过母亲的子宫出生，并非母亲的一部分，是一个完整独立的个体，有独立能力和独立意识。而父母也并非是自己臆想中的十项全能的“大人”，因为从父母这个身份的角度来说，他们和孩子一样，是个新手。比如一个30岁才当妈妈的人，虽然实际年龄是30岁，可当妈妈的年龄却是0岁。孩子0岁，她就是0岁的妈妈。孩子1岁时，她就是1岁的妈妈。当父母把自己归零的时候，才会谦虚一点儿，和孩子一起成长。

举个最常见的例子。当孩子没有完成作业的时候，很多父母比孩子还急，不停地督促孩子快点儿写：“写不完，你明天就等着挨罚吧！”“作业都完成不好，这次考试肯定没戏了！”结果，孩子很不耐烦，父母也觉得很委屈。问题出在哪儿了？其实，这些父母自认为经验丰富，比孩子早懂得了很多道理，比如不写作业就会被罚，所以，他们给孩子的就是“你应该抓紧写（这么做）”。作业没写完，孩子肯定不比父母轻松，被父母这么呼来喝去，他们就更有情绪了。

和孩子平等面对状况

如果父母归零了，不再是权威者，而是和孩子平等面对状况，那么，做法就会发生变化。父母会问孩子：“你现在怎么了？”“你想要怎么做？”父母这么问的时候，孩子也会在心中整理自己想要什么，不想要什么。“有什么需要我帮忙的吗？”如果他说不用，父母就退一步；当他需要的时候，父母再出现。如果孩子请你帮忙做的事你做不到，你就说：“妈妈（爸爸）做不到，有谁可以帮你做”或者“我们一起想办法”。就算最后真的被老师惩罚了，也没关系，毕竟每个人都要为自己的人生负责。父母可以问他：“这样的结果，是你愿意的吗？”然后安慰他，和他一起想办法。

那么，孩子会不会越来越差劲呢？我可以很肯定地表示：“不会的！”我一直在监狱里面做义工，即便是那些被社会抛弃的人都有一种本能，就是往上生长，希望自己越来越好。所以，没有哪个孩子希望分数考很低，觉得被老师骂很好。他一定会一次又一次修正自己，让自己越来越好。为什么有的孩子表现很糟糕？恰恰是大人操之过急，用自己的权威剥夺了孩子成长的机会。

每位父母都曾是小孩

我也遇见过一些父母，心里也知道不该那样对孩子，可就是做不到。每当这个时候，我就会告诉他们一句话：“每个人在成为大人之前，都曾经是小孩啊，为什么要把这个事实忘掉呢？”然后，我会建议他们试着问自己一些问题：“当我还是小孩子的时候我喜欢什么样的父母？”“我不喜欢父母对我做什么？”“我期待长大后要做一个怎样的父母？”

除此之外，父母也可以回到自己长大的故乡，重新发现和感受儿时的自己。如果能够带上孩子一起去就更好了，可以让他们通过外公外婆、爷爷奶奶、叔叔阿姨，以及生养父母的那片土地，来更多地了解他们的父母是怎样长大的。在这个过程中，父母可以和孩子一起讨论两个有意思的话题：孩子回到父母的童年，会想改变父母什么？作为父母的自己，又想改变孩子什么？

在爱的互动中，父母渐渐学习和孩子换位思考，以孩子的角度和孩子沟通、交流，而孩子也会更接纳父母，因为很多时候，当孩子看到小时候的父母时，往往并不想改变他们什么，因为他们都是孩子，而孩子是最了解也最理解孩子的。

没有人生来就会做父母，每个人都需要学习，需要把自己还原成一颗种子，重新长成自己。放下权威，和孩子平等相待；放下完美，和自己真实相处；放下指责，和自己的父母真心和解。其实，在养育孩子的过程中，父母也要不断地修剪自己生命的枝叶，最终圆满自己的人生，实现与孩子的共同成长。

第四章

养育孩子的过程，其实也是自我成长的过程

人物

毕业于中国台湾彰化师大辅导学系，年轻的时候曾经在学校教书，后从事心理教育工作，专长：SATIR[①]、隐喻、NLP、绘本。

邱丽娃

观点

做了父母，别忘记自己也曾是小孩。我们要努力贴近孩子最真实的状态，去了解他，支持他走自己的路。

做了父母，别忘记自己也曾是小孩

一致性沟通，帮父母真正了解小孩

大多数父母都是爱自己的孩子的，这是毋庸置疑的事。但我发现，有很多人做了父母之后，就忘记了自己也曾经当过小孩，总是用大人的角度去解读小孩的行为，觉得小孩这么做不对，那么做不应该……其实，小孩有自己的想法，父母需要多花一点儿时间，去

① 即萨提亚疗法，萨提亚所建立的一种心理治疗方法。——编者注

了解小孩在想什么。

要了解孩子就要多沟通

小孩有自己表达爱的方式，如果大人不了解，就很容易产生误解。我经常给我的学员讲一个故事：有一个单亲爸爸，他是开出租车的，工作很辛苦。一天晚上，爸爸回到家，一掀开儿子的被子，打翻了一碗泡面。爸爸很生气，立刻打了儿子："你怎么可以把泡面放在棉被里？"儿子哭着说："爸爸，我怕你肚子饿，想把泡面放在棉被里，等你吃的时候，就不会凉凉的……"爸爸听了这句话，也哭了："对不起儿子，我误会你了。"

故事里的这位爸爸其实很幸运，因为他听到了儿子真实的想法。可很多小孩因为年龄太小，还不能很好地表达自己。于是，很多父母对待小孩的方式，就停留在了打屁股的阶段。

父母想要真正地了解小孩，就要和小孩沟通。很多父母也喜欢和小孩聊天，但总是问这样的话："你考试考得怎么样？分数如何？有没有被老师批评？你的作业完成了吗？"这是一种负向的引导，小朋友不太喜欢回答这样的问题。

父母们要换一种积极的方式来聊天，问小孩一些正向的问题："宝贝，你今天在学校里，最开心的一件事是什么？你今天学习，哪一科最有收获？你今天和哪个同学最聊得来？"这些问题能够唤醒小孩快乐的记忆，他们会愿意和父母聊。

一致性沟通

最好的沟通方式是一致性沟通，就是父母在沟通时，照顾到自己的感受、孩子的感受和当时的情境。父母要先接触自己真实的感觉，用委婉的方式告诉孩子。父母可以多进行“我讯息”的演练，以“我”作为语句开头，后面接表达感受的词汇。这样的表达没有攻击性，能够让孩子有较大的心理空间来思考父母的意思。同时，用“我”做开头，表示父母负起了沟通的责任，而不是把过错丢给孩子。比如：“我很难过，因为，我原本以为我们早就约定好今天要一起吃饭的。”“当你放学很久了还没回家时，我觉得很担心，因为不知道你发生了什么事情。”

在一致性沟通中，父母可以通过一些方式，让小孩感受到你对他的关心。“让我把手边的事情放下，这样我才能专心地听你说”，同时面对孩子，眼神坚定，用全身心来听小孩说话；“等一下，我把电视关掉，我真的很想听你说话”，这句话传达出来的讯息是，在你心中，孩子比电视重要；“所以，你的意思是”，证明你确实在认真地听他讲话，也让他知道，你听得懂他在说什么，如果你所说的并不完全符合小孩的本意，他就有机会更正你的错误理解，进而促进你们彼此的了解；“再告诉我多一点”，鼓励小孩继续讲下去，让他知道你很喜欢听他说话，而且欣赏他说的话。

一致性沟通好处多

一致性沟通，可以解决很多亲子问题。有一位妈妈，她的儿子在读中学，人长得帅，学习又特别好，很受女生的欢迎。有一个女生甚至在博客上公开向他示爱。这位妈妈发现在这个女生的博客上，有好多性感的照片，因此担心她会诱惑自己的儿子。她很焦虑，向我求助："丽娃老师，我要怎么制止他们？"我跟她说："不用制止，你不如好好和儿子谈谈，让他说说自己的感受。比如，他和这个女生相处，感觉怎么样？有没有恋爱的感觉？如果这个女生真的诱惑他，他会是什么反应？然后，把你对他的担心，清清楚楚地告诉他，不要指责和批评……"

这位妈妈照着我的建议做了之后，儿子变得很乐意和她沟通，对她说："嗯，那个女生确实很主动。我呢，也想尝试一下谈恋爱的感觉。但是，我不想这么早就发生性行为。"听了儿子的话，妈妈的担心少了很多，母子之间的关系也更加亲密。而儿子知道妈妈这么担心他，也没有做让妈妈失望的事情。

在一致性沟通中，父母很真实地表达自己，小孩就能接收得到。父母尊重小孩的感受，小孩就会多说一点儿，而不是回避或掩盖；而父母了解得越多，小孩就会越安全。在小孩遇到困难的时候，父母才有可能真正帮到他。

隐喻，让父母贴近小孩最真实的状态

用隐喻了解孩子

父母了解小孩，有一个非常棒的方法——隐喻。隐喻就是隐藏的比喻，通俗地说，是用打比方讲故事的方法，引导小孩把内心的想法和困惑说出来。和现成的故事不同，隐喻会根据小孩的状态量身定做，所以，最贴近小孩的心。

有一位妈妈，儿子刚上幼儿园。她问儿子幼儿园怎么样，儿子什么都不说。我告诉她隐喻这种方法后，她问儿子："如果你的幼儿园像一个动物园，那么你像什么？你的同学像什么？"儿子说："我像小兔子，动物园里有一只熊，那只熊很凶，还有3只兔子和我很好。"这位妈妈听了之后就明白了，儿子在幼儿园有3个好朋友，还有一个有点儿凶的小朋友，让他觉得有点儿害怕。

用隐喻帮孩子解决心理问题

在解决小孩的心理问题时，隐喻故事是一种非常好的治疗方法。有一次，我在广州开工作坊，遇到了一个上小学二年级的小女孩，每到上学的时间，她就会肚子疼，疼得捂着肚子一直哭。爸爸妈妈带着她去看医生，医生说可能是心因性疼痛。可是，父母问遇到了什么事，她又不肯说。

后来，这个小女孩的父母便带着她来找我。我问这个小女孩："你觉得，上学的你像什么？"小女孩说："像一只小老鼠。"我又问："那你的老师像什么？"她说："像一头喷火龙！""那每一个老师都像喷火龙吗？"她说："不是，只有语文老师像喷火龙！"于是，我就知道了，她和语文老师之间一定发生了什么。

我继续问她："喷火龙每次喷出的火，都是针对小老鼠的吗？"

小女孩说："不是！她是去喷别的小动物，小老鼠看见很害怕！"原来，在语文老师训斥其他小朋友时，小女孩在一旁看见了，就很害怕。因为，她的字写得潦草，担心语文老师也向她"喷火"。

随后，我又运用隐喻，对她进行积极的引导："小老鼠身手敏捷，头脑聪明，很会找食物，有好多的本领……当喷火龙去喷别的小动物时，小老鼠是不是可以逃呀？"小女孩说："可以呀，可是小老鼠之前没想到啊！"接着，我们一起讨论了小老鼠逃走的几种方法，小女孩对语文老师的恐惧缓解了很多。

咨询结束后，我和小女孩的父母进行了交流。爸爸和妈妈没再逼着她去上学，而是耐心地教小孩慢慢地写字。渐渐地，她的字写得工整了，不担心老师会训斥她。隔了一段时间，小女孩又开始上学了。

还有一个上小学六年级的小男生，和他的数学老师杠上了。数学老师总爱挑他的毛病，他特别讨厌数学老师，和父母的对抗情绪也很重。男生的父母找到我求助。

我问他："听你的爸爸妈妈说，你和数学老师的关系不太好。这样的你，像什么？"小男生说："像一朵小花。"他是一个男生，却说自己像一朵小花，这个答案有些出乎我的意料。我察觉到，男生的内心状态，可能已经很无力了。于是追问："小花长什么样？"男生说："被狂风暴雨吹的，花瓣都要掉了。"我说："嗯，那再看看小花的根，长得怎么样？"男生回答："嗯，根还不错啦，会吸收养分。"接着，我就引导小男生，去想象那朵小花努力地吸收养分，让养分输送到全身，长出新的叶子，开出新的花苞……

我又引导他去想象其他的情况，让他自己想办法解决："可是，狂风暴雨还会来哦，那小花怎么办？"小男生想了想，说："我有一把黑黑的大雨伞。狂风暴雨来了，我可以把伞撑起来，帮小花遮风挡雨！"这把黑黑的大雨伞，其实是男生的爷爷。爷爷非常爱他，只要有空就陪他玩。对他来说，爷爷是一个滋养和保护者的角色。我就引导他，把"大黑伞"放在心中，以后再遇到"狂风暴雨"时，就把它拿出来，这样就有安全感了。渐渐地，这个男生从和数学老师对抗的情绪中走了出来。

放下控制，别把小孩逼成"乖小孩"

在生活中，有很多父母在用"控制"的方式爱小孩：你应该几点回家，晚一分钟都不行；你必须上辅导班，必须考哪个学校、读哪个专业、必须做哪个工作；你必须嫁给（娶）谁；你必须结婚后和我们一起住，否则就是不孝顺……

控制型的父母，有的是因为内心缺乏安全感，想和孩子牢牢地绑在一起；有的是因为自己的父母也是控制型，所以就用自己习惯的方式对待小孩；有的是因为出于对未来的担忧和焦虑，想要帮小孩安排一条最安稳的人生道路……原因可能有很多种，但造成的伤害是一样的。

控制型父母，可能会养育出两种小孩：一种是反抗型，什么事情都和父母对着干，拒绝父母把自己的焦虑转移到他的身上；另一种是乖小孩，父母让我怎么做，我就怎么做。反抗型的小孩还好，至少有自我；乖小孩表面看起来很懂事，然而内心却问题多多。

乖小孩有个内在的潜意识逻辑：如果我表达了自己真实的情感，去爱别人，就好像背叛了爸爸妈妈；如果我做自己喜欢做的事情，就是对爸爸妈妈不好；如果我没有继续帮家里的忙，我就是不孝顺……为了讨好父母，乖小孩顺从父母的控制，忽略自己的感受，压抑自己的需求。他不敢背离父母的意志，不敢冒险，不敢去爱，不敢提要求，没有创造力……仿佛有很多无形的绳子绑着他，于是，乖小孩失去了自我，失去了自由，失去了自在。

也因为很难长出自我，乖小孩往往是在成年后、结婚后，甚至是做了父母后，才意识到自己的问题。有的乖小孩按照父母的要求结婚后，才发现和自己不爱的人生活在一起有多么痛苦和煎熬；有的乖小孩一味讨好别人、委屈自己，以致身心俱疲，落了一身病；有的乖小孩做了父母后，因为自己内心爱的匮乏，不知道如何爱小孩。所以，乖小孩受的伤是最痛的。

尊重小孩的感受和选择

如果不想把孩子养成前面所说的那种乖小孩，父母要放下控制，给小孩选择，让小孩去走他自己的路。我很喜欢歌手罗大佑。他的父母一直想把他培养成医生，可是他喜欢唱歌。所以，做了几年医生后，罗大佑还是跑去唱歌了，创作了很多歌曲，感动了很多人。如果小孩能够走他自己的路，他就可能因此很快乐，将来还可能会影响社会。

我出生在中国台湾的花莲，小时候家境不太好。我曾经梦想做一个建筑师，设计各种美丽的房子。但是，初中毕业时，父母让我读师范类专科院校，因为读书和吃饭不用钱，毕业后还能被分配工作。于是我考了师范类院校，做了小学老师。虽然我在教师岗位上也收获了不少肯定，但还是因为放弃了自己的梦想而感到遗憾。

然而，做了父母之后，我也犯了和很多父母一样的错——忘记自己曾经当过小孩，曾经想走自己的路。我和先生都是老师，因为工作出色，受到学生们的喜爱。所以我们曾经都有一种心情："如果我们的孩子将来也能当老师，那该多好啊！"

可是，考虑再三，我们最终还是决定尊重孩子的感受和选择。小孩有他自己的判断、喜好和选择，是我们没有办法预期的。与其帮他规划，不如支持他。哪怕是在路上跌跌撞撞，那也是他自己选择走的道路。后来，我们的儿子和女儿都没有当老师，但是，他们都在自己选择的路上发展得很好，也很快乐。

举个例子，孩子想学艺术，父母很担心，可以这样和他沟通："我知道你喜欢艺术，我很想让你往这条路上发展。但同时，我也有些担心你将来的出路。"这样一来，小孩能够感受到父母的关心，也会认真考虑自己的选择，为自己的选择负责。至于他最后学不学艺术，就不是父母所能控制的了。当父母产生控制小孩的念头时，不妨多想一想自己小时候，将心比心，自己被父母控制的滋味怎么样？父母真的能够控制你的人生吗？父母的决定和逻辑，都一定是对的吗？

把焦虑转变成给孩子的“装备”

如果父母把祝福给小孩，小孩就更有可能往好的方向发展；如果父母总是担心，就会阻碍小孩的发展。与其过分担忧小孩、控制小孩的人生，不如把这份担忧和焦虑，转变成有用的“装备”，代替自己陪伴小孩的一生。基本的“装备”包括：观察力、联想力、分析力、判断力、应变力，因为有了这些能力，小孩就拥有了解决问题的能力。

这些能力，父母平时就要注意给小孩装备上。通过观察大自然、人和事，可以培养小孩的观察力，比如，问孩子：“树林里的叶子，有几种颜色？”读完绘本后，问孩子：“你觉得这个小朋友心情如何？你是怎么知道的呢？”通过玩文字接龙、故事接龙等，可以培养小孩的想象力；通过做手工、画画等，可以培养小孩的创造力；通过棋类游戏，可以培养小孩的分析力、判断力和应变力。

我和先生在做家庭决定时，经常会让儿子、女儿一起参与。有一次，我们想买车，就让 7 岁的儿子和 3 岁的女儿在一旁看我们讨论；我们看车的时候，也带着两个孩子一起去；并在做决定后告诉他们，爸爸妈妈为什么会选这辆车，比如省油、空间大等等。这种“参与”，不是让小孩去投票决定买哪辆车，而是让他们参与父母选择和判断的整个过程，从而培养分析力和判断力。而且，小孩也会因此理解家庭的状况，不会说“我同学家里开的都是奔驰宝马”这种话。

如果小孩对选车提出自己的想法，父母可以先听听他为什么喜欢这款车，然后给他画一幅未来的图像：“嗯，很好哦，等你将来长大了、能力够了，你就可以选这款车！”这样，小孩就会明白，未来是要通过自己的努力来实现的，将来走自己的路时，他也会更加踏实和坚定。

我相信，每个父母都爱自己的孩子，每个父母也都有很大的心理成长空间。我希望大家做了父母之后，别忘记自己也曾是小孩。希望父母们能够将心比心，努力地贴近孩子最真实的状态，了解他，支持他，让他走自己选择的路。

人物

国际催眠大师，国际儿童游戏专家。美国寰宇大学自然医学学院副院长，亚洲完形心理治疗委员会副理事长，社会心理研究（辅导）中心中国台湾地区最高负责人。

——蔡仲淮

观点

父母最欠缺的是换位思考，缺乏同理心。教育孩子最好的方式不是责骂批评，而是积极暗示。

父母最欠缺的是换位思考

如果在百度上检索我的名字，你可能会看见一个关键词：脾气坏。

其实，我对孩子很温柔，只是面对孩子的父母时，可能会采取比较激烈的方式。因为，对待某些父母，只有对其当头棒喝，才能让他们觉悟，知道被人批评责骂是一件多痛苦难堪的事；才能让他们有点儿同理心，在教育孩子时能够换位思考，多给孩子一些鼓励，少一些批评。

期待孩子代替自己飞的第三种笨鸟

网上流传着一则小笑话：孩子因为学习不好，被妈妈责骂了一顿。挨了训的孩子说："妈妈，这世界上有三种笨鸟。"妈妈好奇地问："是哪三种笨鸟？"孩子回答说："第一种笨鸟是先飞的，第二种是累了不想飞的。"妈妈追问："那第三种笨鸟呢？"孩子答："就是像你这样的，自己不飞，在窝里下一个蛋，然后期待下一代飞的！"

很多父母都是第三种笨鸟，因为自己有某种遗憾，就把希望寄托在孩子身上，逼迫他们来实现，让孩子苦不堪言。我曾接待过一家人，小孩的爸爸和妈妈都曾经想做医生，但是没有考上医学院。这成了爸爸和妈妈心中的遗憾，他们强烈地希望孩子能够考上医学院、做医生。为了实现这个目标，夫妻俩的行动非常一致，并且分一三五和二四六排班，对孩子进行轮流看管。放学时，父母准时在学校门口等着，"押送"孩子回家；吃完晚饭，就赶紧坐在书桌旁，陪孩子念书；即使在假期，也不允许孩子休息……他们还用各种方式，测试孩子的智商和学习水平。

这个孩子其实喜欢音乐，却被逼着学理科，内心的痛苦又排遣不出，渐渐患上了强迫症。父母一批评他，检查他的功课，他就会紧张得不停洗手。最可怕的是，他还有强迫思维的症状，每天在脑海里不断重复"你要好好学习，必须考医科"的话。他的大脑无法思考别的东西，甚至连日常生活都受到很大影响。有一次，他拿起水果刀准备切水果，头脑又被强迫思维占据，结果割伤了手指。爸爸和妈妈担心孩子有自残倾向，这才带着孩子找我咨询。

和孩子的爸爸和妈妈聊天时，我问："请问，你们在高中时，考试能够排到第几名？"妈妈说："十几名吧。"爸爸说："大概是二十几名。"我说："你的孩子现在考到第五名。你们两个加起来平均后，还输给他呢！如果从遗传基因学来说，你的孩子已经超过你们的基因了，到了极限，你们还想怎样？"孩子的爸爸和妈妈笑了，他们突然发现，当年自己做不到的事，却逼着孩子来做，而且要求他必须做到，这是一种多不合理的期待。"他是你们身上掉下来的肉，你们看见他变成现在这样，不心疼吗？在这个阶段，小孩最需要的是健康和快乐。"通过咨询，这对夫妻终于把对孩子的期待从"当医生"调整为"健康和快乐"；而父母的改变，也让孩子的心情不再紧张和压抑，强迫症也被治好了。

笨鸟先飞？早教班让孩子的童年没有快乐

为了实现自己的期待，很多父母选择让孩子"笨鸟先飞"，送孩子去早教。绝大多数的家长，都会把孩子送到早教班，学习钢琴、小提琴、萨克斯风之类的乐器，或者是学习英语。

我不赞成早教。德国只有8220万人口，可全世界一半的诺贝尔奖，都是由德国人拿到的。他们就不提倡早教。他们认为，在小孩的大脑发展到一定程度时再施以教育，才是最好的教育方式。如果孩子自己感兴趣，我不反对孩子上兴趣班。但我看到的是，爸爸妈妈送孩子去兴趣班，不是为了兴趣，而是为了获得一种技能，是出于现实的考虑。所以，对画画感兴趣的孩子不能上美术班，因为当画家没有前途；喜欢跆拳道的孩子也不能上跆拳道班，因为跆拳道对升学没有用。

还有些家长送孩子去早教，是希望开发小孩的右脑。我曾经带着专业检测仪器，跑到一家以开发右脑闻名的早教机构。检测后发现，接受早教的小孩的右脑与没有接受早教的小孩的右脑，没有明显区别。其实开发右脑很简单，两只手经常做不同的事情就可以。比如，两只手臂同时朝相反方向绕圈，左手臂向里绕，右手臂向外绕。

早教让很多小孩的童年没有了快乐。有一个爸爸送孩子去上各种早教班，导致孩子没有时间玩。长期压抑之下，负面情绪得不到宣泄，孩子产生了暴力倾向，经常在学校欺负同学。在心理咨询时，我直截了当地对孩子的爸爸说："周末的时候，你可不可以陪儿子玩一天？"孩子的爸爸很不客气地回答："我忙啊。我不工作，哪来钱养小孩？我不工作，哪来钱支付你的咨询费？"

我耐心地引导他说："你回想一下，童年的时候，你和自己的爸爸之间最美好的回忆是什么？"对方想了想说："我们家在庭院里养了一只鸡，我和爸爸经常一起喂鸡。我还经常窝在爸爸怀里看电视，那种感觉很美好……"我问："那你有没有给你的孩子这种美好的感觉呢？"他想了想，说："没有。"他这才突然意识到，自己从没有好好地陪伴过儿子，儿子也远不如他童年时过得快乐。后来，这位爸爸没有再逼迫儿子去早教班。他也调整了自己的工作时间，每周末都带着孩子去郊外玩，让孩子漫山遍野地跑。孩子变得非常快乐，跟爸爸的感情更亲密，暴力倾向也渐渐消失了。

如果家长们都热衷早教，可能会影响学校教育，甚至还可能对一些小孩产生伤害——没有钱去早教怎么办？他只能选择放弃自己。我就曾经有过这样的经历。小学的音乐老师认为，孩子上学前，都被父母送去早教了，连钢琴都会弹，肯定能看得懂五线谱。第一堂音乐课时，老师坐在钢琴前，问："班里有没有看不懂五线谱的？举一下手。"包括我在内，一共只有 3 个孩子举手。老师说："那你们 3 个下课后问一下同学吧。"然后，她居然没有教音乐课最基础的知识——五线谱。如今，已经年过 40 的我，曾被别人夸赞唱歌好听，但仍然不会看五线谱。因为对我来说，五线谱是一段很痛苦的回忆，那时，我感觉自己被老师放弃了。

我想说，学校应该按照规定，循序渐进地上课；而家长要允许孩子玩，陪伴孩子玩。无论是家长还是学校，都有责任让孩子拥有一个快乐的童年。

感受不到爱，什么鸟都飞不起来

很多家长在管教小孩时太过严厉，批评多，鼓励少。小孩做错事，父母直接打骂，而不告诉小孩错在哪里。这种教育方法，会让小孩没有尊严，认为活着很辛苦，感觉不到父母的爱意，长大后甚至会产生负面的人格倾向。

紧张

有一次，我接待了一个 20 多岁的男性。他一感到紧张，眼皮就会失控地抽搐，无法正常工作。在心理咨询过程中，我发现，原来他小时候很怕爸爸，爸爸一骂他，他就会哭。他越哭，爸爸就越生气，会冲他吼："不许哭，把你的眼睛睁开！你看着我！"这位严厉的爸爸，竟然用手把小孩的眼皮扒开。这个行为导致小孩长大后，只要一紧张就会想到被爸爸骂的情景，然后眼皮就不停抽搐。为了治疗他的童年创伤，我运用时间回溯的催眠技术，让他回到当年的状态，让他对小时候的自己说："你还小，把这个事情放一放，等你长大了，一切都会过去的……"让他通过安抚童年的自己，帮助自己建立一个完整的人格。

自我封闭

有一对夫妻来找我做婚姻咨询。太太想要和先生离婚，因为先生的生活没有色彩。他不懂得关心妻子，对什么事情都一副无所谓的样子。哪怕吃自己爱吃的食物，脸上也没有开心的表情。在心理咨询过程中，我发现，先生的异常源于一次童年创伤事件。6 岁时，爸爸和妈妈带着他参加朋友聚会。因为去的小孩很多，他玩得很疯，和小朋友一起吵闹。爸爸警告他："不要吵了。"他很顽皮，又叫了一声，结果爸爸就当众扇了他一个耳光。从那之后，他不再玩闹了，甚至不再大声说话。爸爸和妈妈觉得孩子不吵不闹很乖。

但是，他们的干预行为限制了小孩的人格发展。因为他开始封闭自己，所以不会有新的突破，不会和人分享交流。因为对事情看得很淡，没有高低起伏的心情，所以他连最基本的愉悦都感受不到。

遇到这种情况，孩子其实心里不清楚："为什么我在家里可以跑，在餐厅就不可以呢？"家长可以告诉他："餐厅是公众场合，你跑会影响到很多叔叔阿姨说话，这是不礼貌的行为。"如果家长解释清楚，小孩就不会在公众场合吵闹了。最要不得的就是家长什么解释都没有，就粗暴地当众责打小孩。那小孩就会把"玩"和"被骂"联系在一起。那么他长大后，就会出现一种人格倾向——疏离，而且会自我封闭。

冷漠

很多家长都会直接用行为干预小孩，而不肯花一点点时间，去和小孩做解释。有一次，我去一个大型超市购物，收银台附近有一个开关装置，上面写着：如果你前面排队的人超过 4 个，就可以按按钮；按按钮后，超市会另开一个结账通道。有一个孩子跟爸爸一起排队结账，他们前面有 7 个人。小孩看了提示，就开心地按了那个按钮，但是没有反应。

在这时候，爸爸可以解释："因为超市的工作人员有限，不能开新通道，所以暂时只能慢慢排队。等一会儿就能轮到我们了，别着急！"还有一种更好的方法是：爸爸可以带着孩子去找超市的工作人员，请对方向自己的孩子解释，为什么按铃了，却没有人来。

但是这个爸爸的做法是，一把将孩子拉回来，大声训斥说："别按了，按坏了怎么办？不要乱弄！"孩子想争取自己的正当权益，但是被爸爸制止了，并且没有给任何解释。这样的事情如果多了，当他以后遭遇不公正的对待时，就会选择默默忍受。长大后会有一种人格倾向：事不关己，高高挂起。自己的正当权益，他都不会争取；别人的事情，他更不会管。所以，他会对人对己非常冷漠。

换位思考

完形治疗大师皮尔斯曾经说："对于有些来访者，必须用强烈的语气跟他说话。"我常常会故意模仿家长和小孩的沟通模式，促使家长换位思考。有一次，一个小孩摔碎杯子，被爸爸骂"猪头"。因为受到惊吓，出现了社会退行的状况，不会正常走路了。和孩子的爸爸聊天时，我突然瞪着眼睛，大声训斥："你怎么把水杯这么放？"对方吓了一跳。并且，我足有5分钟不和他说话，让他感受到莫大的压力。然后，我才拿起水杯喝了一口水，温和地问："我刚刚突然大声和你说话，你会不会觉得不舒服？"孩子的爸爸说："会！"我说："那就对了！你跟孩子说话，用的就是这种语气。你应该告诉他，水杯放在哪里比较安全，怎么放比较好。而不是大声骂他，让他受到惊吓。他会感觉很不舒服的。"出于咨询的需要，我会让孩子的父母受到一点儿"惊吓"，不过，我每次也都会把他们受到的惊吓修复回来。

积极暗示：让他相信自己有飞翔的能力

我认为，消极暗示会让孩子没有信心，变得越来越差；积极暗示会让孩子充满力量，变得越来越好。所以，教育孩子最好的方式，就是积极暗示。在咨询中，我经常注意给孩子积极暗示，帮助他们建立信心。

有一次，我的咨询室来了一对母子。孩子上初一，有网瘾，不喜欢读书。妈妈很苦恼，因为她每天晚上都要跑很多家网吧，把孩子“抓”回家睡觉。他们的亲子关系也很差。

和孩子单独聊天时，我笑着问：“你觉不觉得，被妈妈从网吧里抓回来，有点儿丢脸啊？”他说：“是！”之后，我不仅和他聊游戏，而且还去网吧，陪他一起玩游戏，并且真诚地称赞：“我还从没见过有人玩游戏手速这么快的！”受到赞美后，孩子非常开心。玩完游戏后，我说：“我们可不可以做一个约定，给玩游戏规定一个时间。每天到了时间，你就得回家。我保证，你的爸爸妈妈不再到网吧来抓你。”他痛快地答应了。同时，我又去叮嘱父母：“你们不能再去网吧抓他了。虽然他是一个初中生，但是他也会爱面子，在意自己的形象。你们要学会尊重他！”就这样，一周过去，孩子基本遵守规定，按时回家，只有一次晚回半个小时。

接下来，我开始进一步积极暗示。趁着他玩得高兴时问：“你这么喜欢玩游戏，想不想创造一种游戏，然后让全世界的人都玩你的游戏？”他眼前一亮：“我真的可以这样吗？”我说：“你游戏玩得这么好，一定有这个能力！”通过鼓励，这个孩子建立起了自信心和成就感。之后他发现，要想应聘到他理想的游戏公司、做游戏设计，就必须满足一个基本条件——大学毕业。最后，这个曾经让父母感到绝望的小孩，考上了大学，学习软件编程。大学毕业后，他和朋友一起创业，开了一家专门设计手机软件的公司。他一直记得我对他说的那句话——你一定有这个能力！

其实父母可以用催眠的方式对小孩进行积极暗示。父母可以在陪孩子睡觉时，在他不知不觉睡着的一刹那，一边轻轻抚摩他的额头，一边轻轻重复你要给他的东西。那段话，就会成为一种暗示，进入孩子的大脑。当然，这种暗示一定要是积极和安全的。

比如，孩子厌学，妈妈可以在他入睡前，一边抚摩他的额头，一边重复说："从现在开始，你会发现，老师和同学都很亲切，他们都很欢迎你。只要想到学校，你就会有一种很开心的感觉……"只要孩子喜欢学校的环境，那么他就能够喜欢学习。注意，千万不要说"你要上学，你要读书"之类的命令，因为小孩的潜意识会排斥这种话，不会接受这种暗示。最好是植入一种美好的画面，让他想起这种画面就有一种轻松和愉快的感觉。

如果父母能够换位思考，多一些同理心，那么就会知道，对于孩子来说，最好的教育方式不是责骂批评，而是积极暗示。

人物 林紫心理机构及林紫妈妈花园创始人、心理学博士、企业心理关怀EAP（员工帮助计划）专家、上海心理卫生服务行业协会副会长、上海市公安及司法系统特聘专家。

——林 紫

观点 拥有系统的养育观，并且在育儿的过程中养育自己，父母才能给予孩子最好的爱与支持。

中国父母需要系统的养育观

孩子的问题，是家庭系统的反映

家庭是一个系统，就像机器一样，任何一个零件的变化都会导致整部机器的运转发生改变。所以，孩子的问题往往是家庭系统的反映。当孩子出现问题时，父母不要头痛医头脚痛医脚，更不要抓狂，而是要把它当成一个成长的契机和线索。系统的养育观，就是当孩子出现问题时，看看整个家庭系统发生了什么。

比如，为什么啃老族中男孩那么多？他的背后往往有一个强势的、想要控制一切的妈妈。儿子因此极度顺从和依赖妈妈——既然妈妈说的话、做的事情永远是正确的，那就跟着妈妈过吧。强势妈妈和啃老儿子形成了一个系统。如果抛开这个系统，去单方面指责儿子的啃老是没有意义的。也有正好相反的例子：母亲“永远是正确的”，儿子就可能用一辈子的各种问题和麻烦来证明：“你错了！”

要不要二宝

新成员的加入，也会导致整个家庭系统发生改变。网上曾经很火的一个视频里，孩子对妈妈说：“你要是敢生二胎，我就敢跳楼！”妈妈很冷漠地问：“你敢吗？”大部分网友都在指责孩子，说他被父母宠坏了。但是，我看到的却是孩子内心的那份难过和恐惧。最悲哀的是，妈妈没有回应孩子的感受而是冷漠地挑衅他，这让孩子感觉妈妈根本不在意他的感受，于是便可能陷入更深的孤独和无助。

二宝加入家庭系统后，大宝会出现各种各样的问题。有的大宝已经上幼儿园或小学了，却突然出现尿床、不会走路等退行问题，这都是为了吸引父母的注意，希望父母给他更多的爱。一位儿科医生说，很多二宝被大宝打进了医院，就因为大宝感觉自己的爱被弟弟或妹妹剥夺了。两个孩子之间发生冲突时，有的父母只会说：“你是老大，要让着老二。”在这种情况下，大宝有很多情绪，又找不到合适的渠道宣泄，就采取了暴力。如果抛开家庭系统去纠正孩子的尿床、打人行为，批评孩子被宠坏、性格暴力，显然解决不了问题。

“二孩”政策放开后，很多父母觉得趁着孩子还小，赶紧再生一个。我讲课时会经常问台下的父母们：“你们生二宝时，有没有跟大宝商量过？”大家都笑。我解释说：“我说的商量，不是让大宝决定要不要二宝，而是邀请大宝来面对家庭的变化，帮助他做好准备。比如，我们可以告诉大宝：有了弟弟或妹妹，他的生活会是什么样、有哪些改变；爸爸妈妈还是会爱他，只不过爱的方式可能会不同……这些沟通是在帮孩子做准备。这样，他就不会觉得自己的爱被剥夺了，不会与二宝对立，也不会因为生活的变化而感到沮丧和挫败。”

孩子有平衡家庭系统的作用

当家庭系统出现问题时，孩子会有意或者无意地用一些办法来平衡家庭系统，维系父母的关系。有一对父母晚上冷战，虽然他们没有争吵，也没有当着儿子的面抱怨，但是奇怪的一幕发生了：原本已经与父母分床睡的 6 岁的儿子突然抱着小枕头跑过来，坚持要和父母一起睡觉，无论怎么劝都不肯离开。而在一起哄孩子睡觉的过程中，这对夫妻被迫开口说话，结束冷战，缓和了关系。

为了缓解父母之间的矛盾，转移他们的注意力，孩子会表现出各种各样的问题。我曾经接待过一个家庭，父母有两个女儿，大女儿留在老家，由外婆抚养；小女儿因为太小而被他们带在身边。很不幸，外婆家遭遇地震，大女儿遇难了。之后，小女儿总是莫名其妙地生病，医生都查不出原因。心理咨询的过程中，我发现这位父亲非常疼爱大女儿。因为她的死，他对小女儿产生了混乱的情绪：从理智上，他知道小女儿也需要父亲的关心和爱；可是在情感上，只要见到小女儿，他就会想起大女儿，内心有着深深的自责和愧疚，这让小女儿承担了很多情绪压力。而且，他和妻子也经常因为大女儿的死亡吵得昏天黑地，互相埋怨。每当两人吵到想离婚时，小女儿都会大病一场，逼得他们不得不暂时停止争吵。当他们找到原因、做了家庭系统治疗后，小女儿便不再莫名其妙地生病了。

还有的孩子会用厌学、逃学来转移家庭矛盾。原因如出一辙：当我出现问题时，你们的冲突就会少一些，会来一起关心我。

所以，只有改善和平衡家庭系统，找到问题真正的根源，孩子才有可能得到支持和更好的养育。

孩子的成长，是一个不可割裂的系统

系统的养育观还包含另一层含义：孩子的成长是一个不可割裂的系统，孩子表现出来的很多问题，都和早期的养育有关。我们要看到问题的背后，是孩子的哪些心理需求没有被满足。

我在全国各地做公益亲子讲座，就是希望家长了解 0~3 岁的发展阶段对孩子一生的重要性。现在，已经有很多父母的态度有所改观，但仍有三分之二的父母认为孩子小时候什么也不懂，可以忽略，不用陪伴。

孩子需要固定的抚养人

在孩子 0~3 岁期间，父母给予孩子最好的礼物是安全感。让孩子建立安全感，首先，要有一个固定的抚养人——最好是妈妈，孩子在父母身边抚养是最好的；其次，抚养人的情绪要保持平和稳定；最后，从孩子胎儿期开始，妈妈就要对孩子有语言的交流和身体的抚触，让孩子感受到妈妈的爱。

现在，大部分妈妈都是职业女性，生了孩子之后要重返岗位。很多父母在外地工作，孩子没人照顾，便不得不把他送回老家抚养，亲子关系疏离。有的父母在孩子 2 岁时就办理了全托，让孩子内心充满绝望和无助。还有一些父母知道孩子要在自己身边抚养，但是需要老人帮忙。于是，孩子由爷爷奶奶、外公外婆交替抚养，一周或者一个月轮换一次。有的家庭是请保姆带孩子，一段时间换一个保姆。抚养人的频繁更换，让孩子内心不安，很难适应环境。

孩子需要抚养人情绪稳定

比起抚养人不固定，抚养人的情绪不稳定对孩子的影响更大，导致安全型依恋的建立成为一件困难的事。比如，当孩子长到两三岁时，开始表现出对某一个抚养人强烈的依恋，这时妈妈可能会吃老人或保姆的醋，直接把孩子带回自己身边，破坏孩子刚建立起来的依恋关系。

在共同抚养孩子时，老人和子女还会发生情绪冲突。漂在北上广的老人，内心非常孤独。如果子女因为各种原因没有重视和回应老人的情绪，他们的内心波动就会一再波及孩子。比如，吃饭的时候，正常发育的孩子有一个抓握、学习独立进食的过程，一定会把饭菜弄得一塌糊涂。假如老人情绪不好，本来应该给予孩子的帮助、陪伴和指导，就会变成指责和强硬的制止。身体疲惫又得不到子女支持时，老人看见孩子不听话，情绪便可能会失控，会动手打孩子。

有一个妈妈曾经告诉我，因为奶奶担心如果孩子受伤，自己会受到责备，在孩子 3 岁之前，她都把孩子关在家里，而且不让孩子与小区里的其他小孩接触。奶奶的恐惧与焦虑，直接导致孩子形成了胆小怕事的性格，而且恐惧和人交往。

孩子需要高质量的陪伴

很多父母虽然和孩子在一起，但是陪伴的质量却不高。我外出散步时，经常看见年轻的父母带孩子出来晒太阳。他们把婴儿车停在一边，和孩子完全没有互动和交流。每次看见这种情况，我都会上前提醒父母和孩子说说话。他们惊讶地说：“这么小的孩子，我说了他也听不懂！有什么用呢？”

事实恰恰相反，孩子对整个家庭的所有信息，尤其是情绪信息的传递，是非常敏锐的。他可能没办法用语言来表达，但是这些情绪的体验和记忆的积累，会影响到他未来的个性、人格养成，以及他自己的情绪管理能力。

还有的父母陪伴孩子的方法，就是给他找一个电子保姆——手机或者平板电脑，自己用陪伴孩子的时间赚钱，努力为孩子创造好的物质条件，将来送孩子出国。这是一种退缩型养育，因为它会让孩子感觉：当他有需要时，找父母是没有用的，也找不到他们。那么，当孩子长大后面对挫折时，他会有更深的无助感，亲子之间的互动关系也会更加疏离和冷淡。

孩子的问题，妈妈的失职

3 岁之前，也是良好生活习惯和行为规范养成的重要阶段。有很多妈妈向我抱怨，她们上小学的孩子总是很磨蹭。我说："从系统的养育观来看，孩子上小学时表现出来的磨蹭问题，其实源于在早期养育中出现的边界失调和责任转移。本来该培养孩子的自我管理和自我负责，结果变成了妈妈的过度担责。"

我女儿圆子上小学后，给自己制定了一张时间表，从不磨蹭。但是这个习惯，是我从她上幼儿园之前就开始培养她养成的。我经常会和圆子做时间管理的练习。比如，全家要乘飞机去旅行，我就会问圆子："我们要乘明天上午 10 点的飞机，圆子来倒推一下，我们要几点从家出发？几点吃饭？几点起床？"所以，圆子知道时间管理很重要，如果磨蹭就会赶不上飞机。

另外，如果孩子在早上磨蹭，也可能是妈妈前一天的功课没有做好。要找找看，孩子哪方面的需求没有被满足。比如，是不是前一天晚上没有睡好？是不是孩子有心事？妈妈和孩子聊一聊，说不定他会告诉你一个小秘密："妈妈，学校新换了一个老师，我不喜欢她；妈妈，我看见花开了，鱼在笑，想在早上和它们道个别……"

如果妈妈完全不知道孩子的世界发生了什么，只会"催催催"，孩子就会抗拒地"慢慢慢"，然后，妈妈就会更加焦虑：孩子上学迟到——我上班迟到——考勤扣工资——钱少了养不起孩子……在一连串的灾难性想象中，妈妈离当下越来越远。孩子从中感受到的却是：上学是妈妈的事情，和我无关。这就是责任转移。

我建议焦虑的妈妈们，首先，平时要做好功课，关注孩子的情感需求，给予他们安抚和满足；其次，处理好自己的情绪，活在当下。比如，妈妈要允许自己上班迟到，让孩子体验一次上学迟到的结果。这会让孩子意识到，上学是他自己的事情，他必须为自己的事情负责。

做了父母，我们如何养育自己

除了拥有系统的养育观，父母还要学会养育自己。

从事心理咨询 18 年来，让我印象最深的亲子个案，却不是我自己做的。有一次，我从外面做完讲座回来，看见一大家人从咨询中心出来。走在最前面的是一个 7 岁的小男孩，他的脑部做了大手术。后面是小男孩的爸爸、妈妈、爷爷、奶奶、外公和外婆，全家人的表情都非常沉重。

我问负责咨询的老师："他们是来咨询什么问题的？"老师

非常难过地告诉了我一个我根本想不到的答案："孩子都已经这样了，他们关心的问题还是怎么能让他成绩优异！"我当时一听，眼泪就流下来了，特别心疼这个孩子。因为对这个小生命来说，能够活下来就已经很不容易了。然而父母想的却是：我不能保护孩子的一生，正因为我的孩子生了病，所以他必须比别的孩子走得更好更顺，这样我才能放心。这个真实的故事，既是很多父母内在焦虑的缩影，也反映了父母对孩子生命的不接纳。

对孩子的不接纳，源于对自己的不接纳

孩子就像一面镜子，父母对孩子的不接纳，往往是源于对自己的不接纳。当看见孩子身上的一些表现时，其实父母可以反观自己。有一次，一位妈妈对我说："我孩子总是乱发脾气、扔东西！"我问她："在你们家里，还有谁会这样呢？"

这位妈妈不好意思地笑了："我自己就是这样的！"同理，如果想要孩子变成什么样，那么父母自己就要先成为什么样子的。育儿，就是一个父母养育自己的过程。

一对缺乏安全感的父母，是很难养育出一个有安全感的孩子的。很多父母都处于"伪安全"的心理状态中。他们因为担心出错，就过度控制孩子；他们过度追求完美，很在乎别人的看法，导致孩子紧张、行为退缩；他们觉得这个世界上没有一个好人，没有一件好事，以致孩子也对世界满怀敌意；他们是工作狂，不断向外索取来肯定自己的价值，不能陪伴孩子，导致孩子情感缺

失，性格冷漠……

在心理咨询过程中，我经常会帮助父母们修复自我安全感。比如，请他们为自己的安全感打个分，从0~10分，自己大概在几分？如果还想要提升一点儿安全感，又能为自己做点儿什么？

如何在育儿的过程中养育自己

每个人都是在自己的原生家庭系统中长大的。很多父母是在不完美的养育中，带着创伤长大的。我建议，父母们要坚持个人成长，了解自己的原生家庭系统。如果自己有童年创伤，就尝试把整个原生家庭系统作为我们了解和借以成长的对象。看看我们的父母在当时的环境中，他们的身体和心理是什么状态，看看整个系统都发生了什么。对原生家庭的梳理，可以帮助我们了解自己。如果有些来自原生家庭的伤痛，已经影响到我们养育孩子的状态，那么就需要向专业的心理咨询师求助。

其次，不管工作多忙，都要尝试留下一点儿关心自己的时间。这个关心，可以是心灵成长的，比如阅读；也可以是身体放松的，比如现在有很多爸爸在练瑜伽。当我们能够静下心、不焦虑时，才有机会去建立更好的安全感，才能耐心地陪伴孩子，想出更灵活的方法解决孩子的问题。

有一次，圆子想一天看5集动画片。没有耐心的妈妈肯定会说："不可以，一天只许看一集！"但是我尝试了一种有趣的办法。我问圆子："如果你将来做了妈妈，你的宝宝要求一天看5集动画片，你会怎么办？”圆子说：“那我就带她玩更好玩的游戏呀！”我又说：“那圆子教教妈妈，有哪些好玩的游戏呢？”接下来，我和圆子玩了做饭、开餐厅、藏宝等游戏，轻松愉快地解决了问题。

尝试，也可以帮助父母养育自己。在社会中时间久了，我们会不自觉地戴上厚重的面具，不敢做真实的自己。可是，越不敢做真实的自己，内心的不安就越强烈，因为你总是担心出事，总是担心别人觉得你不够好，总是担心环境改变之后，你会没办法适应。尝试找一个你非常信任、和你最亲密的人，不管他是你的父母、伴侣还是朋友，做这样一个小练习：当完全放下面具时，我还可以接受那个我吗？

父母对自己越接纳，其内在安全感就越强，对孩子的接纳度也就越高。内在安全感，并不意味着把整个世界的危险、不安或者不确定都解决掉，而是说我们自己内心有足够的力量去面对外在的这些不安。在育儿的过程中养育自己，就是父母和孩子一起来提升心理弹性的过程。

拥有系统的养育观，并且在育儿的过程中养育自己，父母才能给予孩子最好的爱与支持。

第五章

给孩子爱和自由

人物

博士，空军总医院临床心理科主任医师，第四军医大学应用心理学研究生导师，全军临床心理学专业委员会副主任，首版国家心理咨询师培训系列教材编撰者，资深心理咨询师资格培训师与评审专家。

——董　燕

观点

和大自然的万事万物一样，生命本身就有成长的力量。只要把束缚去掉，给孩子足够的陪伴与心理滋养，学习和成长的动力就出来了。

哪个生命不希望自己成长

我们常说，学习是学生的天职。如果孩子没有足够的动力学习，想学却学不进去，甚至讨厌学习、对学习感到倦怠，那该怎么办？

厌学，是中国文化教育体制下的特殊心理现象

在我看来，每一个生命都有成长的天性与力量，每一个生命都

希望去证明自己的存在，每一个生命都希望自己具有值得骄傲的地方。为了拥有属于自己的生存空间，他希望去长大，这就是生命本真的力量。就像自然界中的生命一样，只要有丝丝雨滴飘落，小草就会从岩缝中顽强地探出头来。世上的万事万物都是如此，孩子也是一样。

因此，学习与发现是生命本身的要求，每一个孩子都有探索未知的内在动机。孩子在两三岁牙牙学语时，都会开始不断地问爸爸妈妈："为什么天是黑的？""为什么有小星星？""为什么会有打雷闪电？"

所以我认为，厌学是在中国教育文化背景下，把学习成绩作为判断"好学生"和"坏学生"的主要或者首要标准时，所产生的一种特殊心理现象。在发达国家，厌学症并不多见。他们的老师和家长会更多地尊重孩子不同的天性，只要孩子有自己的小目标，并愿意为达成目标去努力，那就是好学生。即使孩子的学习成绩很一般，即使孩子的愿望只是当一个愉快的出租车司机。

然而在中国，只有学习成绩好的孩子，才会更多地被父母和老师认可、喜爱和奖励，成为大家称赞的"好学生"；学习成绩一般或不好的孩子，就可能很少被老师关注，或者因考试成绩不好而受到父母的呵斥，感到没有人喜欢他，甚至就连他自己都不喜欢自己。

在心理学界，行为主义认为能带来愉悦体验的行为，人会倾向于多次重复；而带来不愉悦的行为，人会倾向于拒绝和逃避。如果，在学习的过程中，一个孩子更多体验到的是不愉快的情感、消极的评价与自我认同，他就可能出现对学习的厌烦、无助和逃避，这就是孩子最早出现厌学的原因。

对于上小学的孩子，厌学往往以身体的反应为主，比如害怕去学校。初、高中的孩子已经知道学习的重要性，厌学往往伴随着价值观确立后的自我挫败、低自我价值、低自尊等心理现象背后的抑郁、焦虑或恐惧。

涵涵是一个 13 岁的女孩，小学期间，成绩一直名列前茅。为了保持“好学生”的状态，涵涵拼命学习，完全没有放松时间。升到中学后，她突然觉得好累，像是跑了马拉松，听不进去课、看不进去书，甚至觉得是自己“脑子坏了”。在连续三个月无法正常上学后，涵涵的父母带她来到医院。

经过系统的心理评估、分析和诊断，我发现，涵涵是因为学习倦怠导致的厌学，而且已经抑郁了。

我问涵涵：“假如我们的精力和体力是一定的，当你长途奔跑了一万米，是不是需要一些时间来恢复体力和精力呢？”涵涵愣了愣，说：“是，我觉得自己跑不动了，身体和脑子也不听指挥了。”

“进入初中，你需要适应一个新的学习环境。首先，你要适应新老师的讲课特点；其次，你以前积累的学习方法，现在也要做一点儿变化。如果把这个过程定义为适应期的话，那你恰恰就在适应期里。在适应期里，我们要针对新的变化，做出适应性的平衡和协调，发展出新的方法，应对新的学业要求。对吗？”涵涵用力地点头，原来，她以为好学生就应该一直保持遥遥领先的地位，现在她明白了，好学生也是需要有适应期的。

随后，我又帮助涵涵在认知的层面客观还原事实，去掉“我脑子坏了”的标签，让她停止自我的攻击和贬损；帮助她认识到，每一个人都有可能出现学业倦怠和适应的问题，她不是脑子坏了，更不是没有希望了。

在咨询过程中，我发现，涵涵的父母都对于自己没有考上大学有一些遗憾。所以，涵涵觉得自己好像有达成父母心愿的使命。另外，敏感的涵涵也经常能从父母的脸上看到，只有自己学习成绩好的时候，父母才会露出灿烂的笑容。我又给涵涵的父母做了咨询辅导，帮助他们真正发自内心地接纳孩子，意识到父母对孩子的爱，应该是对生命的爱，而不只是学习成绩。一个月的心理治疗后，涵涵就又重新走进了学校。而且，她相信无论自己学得好不好，爸爸和妈妈都会爱她。

比厌学更严重的，是父母对待厌学的态度

当孩子表现出厌学后，父母的态度非常重要。

我举个例子，一个小学生，因为不懂三角形而感到心烦，开始讨厌数学。爸爸妈妈没有耐心，大声斥责：“心烦也得学！”于是，孩子的消极情绪就会一点点累积。现在是三角形听不懂，将来是解析几何听不懂，学习成绩越来越差。慢慢地，孩子就会被贴上“差生”的标签。老师和家长越是严厉批评，孩子的学习压力就越大。压力大到一定程度，身体的不良反应就出来了，一看到学校就头晕、心慌、呕吐……严重时，还会形成学校恐惧症。

面对厌学的孩子，父母常见的做法是请家教给孩子补习功课，强迫或命令孩子去上学。有的父母，甚至在百般无奈下，为了孩子的前途而采取极端手段。

16 岁的小华被父母带到我面前时，已经休学一年多了。高一时，因为与女友分手，小华的学习成绩迅速下降。在各种方法都无效的情形下，父母以旅游的名义，把小华送到了一所封闭式的军事化暑期训练营。在父母离去的那一刻，小华觉得非常绝望和愤怒，有一种深深的被抛弃的感觉。

小华从训练营出来之后，就像变了一个人。他从不主动和父母说话，无论父母讲什么，他只会冷冷地说："我不会再相信你们了，你们欺骗了我！"并且拒绝上学。

在这种情况下，首先要重建孩子对父母的信任，让孩子与父母和解。我和小华交流："在这件事情里，爸爸和妈妈确实没有尊重你。那么，除了这件事情，你觉得，爸爸和妈妈是不是爱你的？"小华想了想说："如果把这件事情撇开，他们是爱我的。"

我继续问："哦！那我很好奇，在你的记忆里，父母爱你的那些事情是什么？"

小华沉默了一会儿，终于开口了："爸爸的单位距离我的学校很远，但是，因为我见到爸爸才会安心，他每周往返 8 个小时，只为了陪我待一个晚上；妈妈为了照顾我，停薪留职了……"

找回这些爱的记忆后，小华缓缓地说："其实，爸爸妈妈都很爱我，他们很辛苦……我有点儿对不起他们！"

同时，我也给小华的父母做了咨询，对他们讲："不管你们爱他的心有多急切，但是对于已经上高中、有独立意识的孩子，用骗他的方式帮助他，的确会伤害孩子的自尊心、破坏孩子对父母的信任。因为，你们让孩子打破了亲人之间不设防、不欺骗的深层认同。目前，疗愈伤害最好的方法，就是你们发自内心地道歉，请求儿子的原谅……”

在分别征求小华和他父母的同意后，我特意举行了一个道歉仪式。恰当而有意义的仪式具有疗愈心理创伤的作用，能够体现道歉者的虔诚、郑重和深入。

作为道歉仪式见证者的我，首先对小华说：“爸爸和妈妈感到非常抱歉。他们想帮助你，但是，没有想到会把你伤得那么深！爸爸妈妈想要和你说一声对不起。”接着，爸爸红着眼圈说：“儿子，对不起，爸爸辜负了你的信任，我请求你的原谅！”妈妈的眼泪一直没有停止过，她真诚地说：“儿子，对不起，伤害了你，妈妈请求你的原谅！”小华的眼圈也红了。

之后，我对小华说：“爸爸和妈妈很想做好爸爸、好妈妈，但是他们不懂得心理学，所以，用了一个没有经过检验的方法。他们不是圣人，不是完美的，他们只是出于想要帮助你的心。既然你看到他们的伤心、愧疚和对你的歉意，那你想要给爸爸和妈妈怎样的回答呢？”

小华毫不犹豫地说：“我愿意原谅他们，因为他们还是爱我的！以后，他们还是我以前的爸爸和妈妈！”我让他们一家人把手握在一起，就在这一刻，他们的心也连接在了一起。

小华和父母和解后，我又帮助他逐步认识到：当爱降临时，要好好珍惜；当爱离去时，也要学会说再见与祝福。因为真正的爱，应该是美好吸引美好。

为了让爱成为小华成长的精神力量，我说："小华，如果你能让自己变得更美好，更有力量，更勇敢，那你就更具有魅力了！"

心理咨询的关键，是把小华的学习动力和爱的需求连接起来，让学习成为他自己的选择。最后，小华回到了学校，积极主动地备战高考。

每个孩子厌学的原因都不同，没有现成的特效药方。最重要的是，父母要学会觉察孩子的情绪，并发现情绪背后的原因。如果不去探索引发情绪的原因，那么我们就失去了帮助孩子的可能性，也就难以达成心灵成长的目的。父母要鼓励孩子表达自己的情绪，无论是积极的还是消极的，要教会孩子让情绪像流水一样从小桥下流过去，而不是淤积在体内。

学习是一种劳动，需要父母的理解和陪伴

学习是一种心智劳动。劳动是一种创造，是把'没有'变成'有'的过程，所以，它需要培养习惯与兴趣，需要一定的技能和方法；劳动是一个辛苦付出的过程，会让孩子产生压力和拒绝的情绪；劳动久了，自然就会有疲惫倦怠的时候。因为不理解学习是什么，所以我们的父母，往往更倾向于给孩子提要求，但却不会给方法。

学习需要陪伴

因为学习是一种劳动，所以，孩子需要父母的陪伴、帮助和指导。很多家长要求孩子好好学习，但是并没有给孩子营造学习氛围。比如，父母都在看电视，到了晚上 8 点，对孩子挥挥手："儿子学习去，记得把门关上！"孩子会静下心来学习吗？他甚至会觉得，学习剥夺了自己看电视的权利，那么，学习还能是一件轻松愉快的事情吗？

相反，如果孩子小时候，每天晚上看见爸爸和妈妈都安静地看书，有时候，他们看着书还会微笑，甚至会笑出声来，他就会好奇："这书里有什么好玩的东西呀？"他会问妈妈，妈妈再把自己看的书讲给孩子听，亲子分享阅读的快乐。这就是孩子最初对学习的好奇、关注和投入。学习兴趣和习惯的培养是孩子学习的起点，而这个过程特别需要父母的陪伴和熏陶。

学习遇到困难

当孩子学习遇到困难的时候，更需要父母情感上的支持。比如，孩子的数学考砸了，妈妈心平气和地对孩子说："儿子，妈妈看到你每天都在学习，早上 6 点上学，下午 6 点放学，你是家里最辛苦的人！妈妈很想帮助你！说说看，这次考试，是哪个单元没弄懂，还是因为粗心？"如果孩子回答："妈妈，我是粗心，把数学公式记错了。"那么妈妈可以说："嗯，记错一个公式，让你少得了

8 分。妈妈觉得，你心里有一点儿小委屈哦！”感觉自己被妈妈理解和心疼，孩子就会觉得：“嗯，这次粗心让我好委屈啊，下次一定要细心！”他就会总结这次教训。父母还可以陪着他，把运用这个公式的题型再练习几遍，孩子就不会再犯同样的错误。

学习失去信心

当孩子对学习失去信心时，父母要在黑暗中找到一个亮点，然后在亮点中让孩子找到他存在的感觉。比如，孩子其他科目的成绩都不好，只有美术好。那么，父母就要接纳孩子的个体差异，让他先在美术中找回自信。当孩子觉得“我是可以的，我不那么差”时，就有了学习的动力。之后再接触数理化，他就不会完全拒绝了。

父母要理解孩子的辛苦、难过和委屈，帮助孩子分析问题，和他一起寻找解决方法；在孩子心理能量很弱的时候，告诉他“你并不差，只是遇到一点儿困难而已，这样的困难，很多孩子都会遇到，妈妈陪你一起解决”，这就是陪伴。父母的理解和陪伴，是给厌学孩子最好的心理滋养。

和孩子一起成长，不能只做基因上的父母

很多时候，孩子的厌学都和父母自身的问题有关。比如，把自己求学时的遗憾投射在孩子身上，导致孩子背负了父母太多的期

望；比如，父母把职业发展中的失意和焦虑转嫁到孩子身上；比如，父母的童年有创伤，因而复制了上一代错误的教育方式；比如，父母的夫妻关系出现问题，在情感上绑架孩子……父母自身的问题，往往会束缚孩子学习的动力。

在心理门诊中，我经常看见父母带着一身的创伤。有一位妈妈，她和丈夫的关系长期不融洽，于是觉得老公不爱自己了没关系，孩子就是她的一切！

她认为只有严格要求儿子，才是对他的爱；只有他学习好了，才能证明自己是一个好母亲。因此，她通过不断评价和要求孩子，与孩子建立情感联结，天天唠叨："儿子，你什么都不用做，就给我好好学习！"她越这样，孩子就越感觉没有自己的空间。本来，学习是孩子自己的事情，结果却变成了妈妈的事情。咨询时，孩子对我说："阿姨，我本来打算吃完饭就去学习。可是，我妈一直说'你快去学吧，快去学吧'，听得我很烦，只想和她对着干！"孩子感觉被逼迫、被要求、被束缚，学习便不是他自由意志的选择。因为没有得到妈妈的尊重和信任，他就会抵抗，开始烦躁和倦怠。儿子厌学后，妈妈也特别委屈，说："我为儿子付出了所有，我把所有的家务活儿都包了，就是希望他好好学习，可他居然不学习！"

所以，要想帮孩子找到学习的动力，父母首先要整理自己：我是不是把自己未达成的心愿投射到了孩子的身上？我是否带着自己童年的阴影去要求孩子？我是不是将沉重的情感问题与孩子捆绑在了一起？如果，父母能够自我觉察，那么孩子身上的束缚就会小很多。

另外，父母还要不断学习，和孩子一起成长。我建议家长到书店的心理学柜台，根据自己孩子的特点去用心选书。比如，孩子14岁，父母就要学习和了解这个年龄段的孩子的认知特点、行为特点和情绪特点，孩子的群体交往方式，以及家长引导和教育的方式是什么。然后，家长尝试去做，做了之后再总结。总之，不要只做基因上的父母，而是要做陪伴孩子学习成长的父母。

父母一定要相信，每一个孩子都有学习和成长的动力，只要把束缚去掉，给孩子足够的心理滋养，学习和成长的宝贵动力就出来了。

人物

华人世界国际级 NLP 大师。目前出版的著作有:《重塑心灵》《李中莹亲子关系全面技巧》《简快身心积极疗法》《李中莹亲密关系全面技巧》等。其中,《李中莹亲子关系全面技巧》在 NLP 理论基础上,发展出对中国孩子最有效的教育技巧,容易明白、容易学习、容易做到,超 100 万孩子受益,被誉为父母宝典。

——李中莹

观点

家长唯一要做的事,就是培养出孩子照顾自己人生的能力。

把孩子的人生还给他们

为什么有的孩子没主见,总看别人的脸色做事?为什么有的孩子说话颠三倒四、绕来绕去,或者不敢说话,不会和人沟通?为什么有的孩子一遇到困难就逃,只会向父母求助?这是因为这些孩子不会照顾自己,欠缺人生必备的一些能力。

建立自我意识，不做一味听话的乖孩子

现在的乖孩子越来越多，随处可见。乖孩子总能得到家长的表扬，可当乖孩子长大后，他们很可能不会照顾自己，把生活弄得一团糟。

有个乖乖女长到 28 岁，一直单身。一个男孩约她看电影，她的反应是立即掏出手机给妈妈打电话："妈妈，我要不要和这个男孩一起看电影呢？"妈妈还在电话那头表扬她："女儿，你真乖！"等女孩挂断电话，男孩早已经被吓跑了。连看不看电影这种小事都无法自己决定，谁还会和她谈恋爱呢？有的孩子因为一直听话，事事听从家长安排，所以不会独立思考，自理能力也很差。可是家长不管这些，看见"出国热"就把孩子送出去留学。父母不在身边，没人帮自己拿主意，孩子只能找个有主意的人谈恋爱，继续听恋人的话。这种爱情是很盲目的，往往以分手告终。

建立自我意识很重要

乖小孩问题的根源是没有自我意识。对孩子来说，建立自我意识非常重要。拥有自我的孩子会自信、自尊、自爱，因为他知道在自己的生命中，"我"是最重要的，"我"是独立的，"我"要为自己负责，"我"要活得更好。

我是谁？我在哪里？我要什么？我正在做什么？我的感受是什么……这些都是自我意识。曾经有很多人问过我一个相同的问题："李老师，请问我要怎么把自己找回来呢？"问这种话的人，都是

没有自我意识的人。

没有“自我”的孩子会活在镜子中，活在别人的反应里，这个镜子可以是家长、老师、同学、朋友……他会活得非常辛苦，因为必须看别人的反应，他才知道自己做得对不对，完全由别人主宰他的感受。别人对他说一句好话，他可以开心一整天；别人说一句不好的话，他会哭上好几天。

没有自我的人，不懂得拒绝别人，因为不知道“我”和别人的界限到底在哪里；没有自我的人，没有改变和提升自我的动力，只会埋怨别人、怨恨社会；没有自我的人，更不会经营自己的人生。近些年，社会上爆发过许多恶性案件，撞人后刺死伤者的药家鑫、对妻子家暴的李阳、杀死自己父母妻儿的李磊……他们都是没有自我意识的人，所以不能够为自己负责，也不能发现自己的问题。

没有自我的孩子是如何被“培养”出来的

那么，没有自我的乖小孩是怎么被“培养”出来的呢？这些孩子的家长，往往把乖不乖作为衡量孩子好坏的唯一标准，要求孩子做听话的乖孩子，拿孩子与其他乖孩子比较，要求孩子听话、不许顶嘴，必须服从命令和安排。孩子在这种家庭环境下长大，久而久之，就会失去自我，习惯性地依赖父母，不会独立思考。

还有一些家长，喜欢用否定、批评、指责，甚至犯罪感、羞愧感来引导孩子，导致孩子不想要“我”。我在香港地区长大，我发现在香港、广东这边，家长一看见孩子哭就会说：“不要哭啦，等一下警察来抓小孩！”“不要哭啦，拐子会把你拐走！”“不要哭啊，女孩子都会笑你！”这些话会让孩子产生糟糕的感觉，从而不敢表达自己的情绪。

矛盾的是，父母觉得孩子乱七八糟的情绪很烦，不准孩子哭、发脾气，可又不肯告诉孩子，怎么把自己心中的那份难过、愤怒消除掉。于是，孩子知道“哭和发脾气”是不对的，但不知道为什么“不对”，自己应该怎么做。这种情况发生几次后，孩子就会想：“为什么这种‘不对’的东西总是出现呢？为什么我一旦哭泣或发脾气，父母就总是骂我、打我？到底是怎么搞的呀，是不是我不正常？”再过一段时间，孩子就不会注意自己的内心感受了。父母点头就是对，摇头就是错，而且还会小心翼翼地看家长的脸色，根据家长的反应做事。从那一刻起，孩子的“自我”和“感觉”便分家了——那些“感觉”总害我挨骂挨打，我不要它们了！可是，真正的“我”恰恰存在于感觉之中。当一个人和感觉分家时，就是和“我”分家了。也因此，“与感觉在一起”是孩子照顾自己必备的能力。

帮孩子建立自我意识

只有当家长用心去感受孩子时，孩子才会意识到“我”的存在。我举个例子，小明因为和老师顶嘴，被老师赶回了家，躲在房间里一直哭。妈妈知道后，对小明说：“哎呀，你这样做是不对的，身为学生，怎么可以和老师顶嘴呢？”妈妈说的道理没有错，可小明的感受是什么呢？一定是很反感的——这件事我已经做了，现在你说这个还有什么用？妈妈可以试试先接受他的情绪："小明，我看见你心里很难受，要不要先和妈妈聊聊呢？"这样小明就会感觉舒服很多，因为妈妈不在乎"我"的对错，而是在意"我"内心的那份感受。

帮助孩子建立自我意识，家长可以多引导孩子用"我"做开头说话，譬如"我要吃饭""我很高兴"……"我"说得多了，孩子就会意识到"我"的存在，然后爱护这个"我"。

说话达意，你有教孩子有效表达吗

一不开心就哭的原因

有一次，我在商场看见这样一幕：一个5岁的小男孩突然躺在地上，一边用力蹬腿，一边"哇哇"大哭，周围聚了很多人。妈妈不知道孩子到底是怎么了，烦得头顶都要冒烟。她一边努力安抚孩子，一边指着一把玩具枪问："宝宝，你是不是要这个？"孩子摇头，哭。妈妈又指着悠悠球问："你是不是要这个？"孩子摇头，哭。妈妈叹口气，指着小火车问："那你是不是要这个呢？"孩子点头，继续哭。妈妈不耐烦地说："你早说出来就行了嘛，哎呀真烦！"然后，妈妈给孩子买了小火车，孩子停止哭泣，站起来走了。

这个妈妈所做的一切，都是为了让孩子停止哭，以为孩子没有情绪，问题就解决了。她从来没有耐心去了解，在情绪的背后，孩子需要在什么地方成长，她要培养孩子什么样的心智能力。很明显，这个孩子不会有效、清晰地表达自己的需要，只会用"哭"这一种方式。孩子从妈妈的反应中学到了什么经验呢？那就是如果我哭，你就会满足我的需要。那么当他以后再想表达自己的需要时，就不会好好说话，只会哭。

正确的做法是，当确认孩子想要小火车后，妈妈对孩子说："宝宝，你能完整地说出'妈妈，我想要小火车'吗？如果你完整说出来，妈妈就买给你。"刚开始时，孩子可能不想说话、依旧哭，但妈妈要不断重复这句话，直到孩子自己完整地说出自己的需要。如果妈妈每一次都坚持让孩子完整、清晰地说出自己的需要，那么孩子就会知道，我不哭，也可以拿到自己想要的东西，自然就不会哭了。孩子的每一次情绪，其实都是在说："妈妈，我有学习的需要，请你帮我学到！"

在现实生活中，我们经常会看见这样的女孩，谈恋爱时一不开心就哭，也不说为什么。男友问得急了，她就回答说："既然你爱我，就应该知道我想什么。"用这样的态度过日子，能过得好吗？爱情能长久吗？伴侣一定会非常累的。她为什么不肯好好说话呢？就是因为从小父母没有教会她怎么去告诉别人自己想要什么。

"只会哭"的人其实是欠缺"说话达意"的能力。什么是"说话达意"呢？就是有效地表达自己的思想意念、情绪感受和行为意欲。

如何培养孩子"说话达意"

要想"说话达意"，首先要把话说出来。有些孩子之所以不说话，不是因为天生性格内向，而是长期受到家长的命令、批评和责骂，内心充满了无力感，所以不敢说话。有一次，我请几个孩子介绍一下自己，其中一个孩子一直不吭声，低着头纠结地摆弄手指。最后，是我的助教用手按着他的后背，一句句引导他说出来的，这个孩子紧张得汗流浃背。连说话都不敢，他怎么和别人交流，怎么融入这个社会呢？可想而知，他在社交方面会存在很大问题。等他长大结婚，有什么不满憋在心里不和老婆讲，婚姻也一定会有矛盾。

后来我了解到，孩子的父母非常严厉，总是用“你必须”“你应该”等命令式的口吻，如果他表达自己的想法，就会马上受到批评和否定。父母不允许他有“我”的想法。久而久之，他就不敢自己说话了。所以，家长应该给孩子创造一个安全的表达环境，让他自由地发挥，畅所欲言。

其次是说话要有效。我做讲座时，很多人提问时说了一堆话，却云山雾罩，总说不到重点。我经常会温和地问对方：“所以，你想问我什么呢？”经过引导，提问者才能把心里真正想问的东西提炼出来。这种说话方式，其实就不够“有效”。在生活中，我们经常发现，很多孩子说话啰唆、颠三倒四、绕来绕去。

家长可以用这种方式来训练孩子说话达意：让孩子把想说的话先写在纸上，看看自己能不能看明白。如果不够清晰，就进行修改删减，直到能用15~20个字来准确表达自己的想法为止。通过这种训练，孩子的话能说得更加简洁、有效。家长也可以这样训练自己：每次要求孩子做一件事时，所说的话都控制在15个字以内，而且要简单明白。这样孩子才能明白，家长到底要他做什么。要是噼里啪啦说一堆话，同时发出多个指令，孩子都被绕晕了，自然不知道该做什么。

说话达意还需要注意一点，就是要用心聆听对方。两个人沟通，我在说话你在听，看起来是嘴巴和耳朵在做事。但真正的过程是：一个人心里冒上来一个想法，通过嘴巴说出来；对方耳朵听进去，然后把它放到心里。所以，真正的沟通，永远是心与心的连接。嘴巴和嘴巴之间的沟通，永远是敷衍的，没有意义的。打个比方，你在公交车上不小心踩到别人的脚时，如果你心中没有歉意，就会粗声粗气地说“对不起”，对方会很生气，因为他能听出你真实的心态。说话需要配合声调、身体语言，以及相应的心理状态。

所以，最重要的不是我们说什么，而是话语里所包含的那份情感、那份心意。只有用心去聆听，了解对方的心，你说出的话才能被对方放在心里，才能够有效。

多线思维：凡事至少有三种解决方法

多线思维

有个读高二的孩子，曾经问过我这样一个问题：“妈妈让我参加学校组织的高考辅导班。我不想去，辅导班教的东西很枯燥。可如果不去，又担心万一因此没有考上大学，自己将来会后悔，妈妈也会伤心、失望。李老师，我该怎么办？”

有没有第三种方法，让他不用那么难受，又不影响高考呢？譬如上一个比较轻松的辅导班，或者不上辅导班，自己总结好的学习方法，把成绩提高上去？

每次听到我这样建议，家长总会毫不犹豫地反驳："不可能！怎么会有轻松的辅导班？不上辅导班，怎么可能考上好大学？"正是"不可能"的信念，限制了所有的可能性。家长之所以觉得"不可能"，是因为其本身就缺乏多线思维的能力，他们的思想已经僵化了。

多线思维，通俗地说就是从多个角度看问题。我经常对上 NLP 课程的学员说一句话：凡事至少有三种解决方法。找到的可能性越多，解决困难、面对冲突的能力就越强。

现在的孩子真是太欠缺多线思维的能力了。孩子从小被家长要求听话，被学校要求回答标准答案，被灌输大量的"不可以""不应该""不实际"等限制性信念，单线思维长期盘踞他们的头脑。不是 A 就是 B，要么做要么停下，从来不考虑其他的可能性，所以他们常常左右为难，进退维谷，解决问题的能力很差。

单线思维家长

而单线思维的家长，很难培养出多线思维的孩子。家长总爱逼孩子写作业，因为在他们的想法里，写作业是一件痛苦的事，如果不逼迫，孩子就不会写。可是，为什么不想想其他的可能呢？譬如家长和孩子一起想想，怎么把这件事变得快乐起来？由于家长认为写作业很苦，所以孩子也把写作业与快乐完全对立起来。在理性上，孩子知道自己应该写作业；在感性上，他没有积极的情绪和感觉支持，所以没有动力。身心不能合一，所以孩子内心就会有冲突。如果孩子知道自己应该写作业，同时能从中获得快乐，那么就能够“感性与理性并重”。“感性与理性并重”也是孩子们常常缺乏的一种能力。

再比如，有的家长总对孩子说：“你不要看电视，要乖哦。”“你要是再欺负小朋友，我就不让你吃饭！”类似的话重复一千遍，孩子的行为还是照旧。为什么明明这种方法没有效果，家长却不去想别的方法呢？正是单线思维，让家长总是重复被否定的行为。不应该、不可能，不实际……自己已经先把能想出来的办法全都否定掉了，然后让自己一直停留在无助、无力的状态里。我建议这样的家长看一看心理学相关的书籍，努力使自己的人生态度更加积极，更有力量。

如何培养孩子的多线思维

那么，平时怎么培养孩子多线思维的能力呢？我建议妈妈和孩子一起玩“三种方法”的小游戏。妈妈问孩子：“从北京到达杭州，你能想出哪三种方法？”孩子肯定先回答最实际的选择，譬如火车、飞机、大巴。然后妈妈说：“这三种方法不准用，再想三种。”孩子渐渐拓宽思路，回答不常见的答案，譬如出租车、马车、驴车。妈妈再说：“这六种方法都不准用，你再想三种方法。”这时候，孩子就会展开想象，回答一些所谓“不实际”的答案，譬如游泳、坐热气球、走路……这个游戏可以一直玩下去，如果孩子答不上来，妈妈可以轻轻拍一下孩子的手掌，这样他会感到更刺激。玩着玩着，思路就一点点打开了。

相信凡事有可能，再找到可能性，然后困难就被突破了。过去有十件你认为没有可能的事，现在找到三件有可能，那么你就会快乐很多。追求轻松、快乐、幸福、成功是我们每一个人的权利，所以我们一定要寻找各种幸福的可能，让你好，我好，世界好。

小贴士

人生必备的15项能力

1. 自我意识

2. 说话达意

3. 与感觉在一起

4. 理性感性并重

5. 多线思维

6. 从别人角度看自己

7. 解决困难的能力

8. 面对及处理冲突的能力

9. 对失败及挫折的正确态度

10. 面对分离的正确态度与能力

11. 对金钱的正确态度

12. 感恩的心

13. 对事物的观察与正确判断

14. 了解本人的学习模式（含学习兴趣）

15. 有效生活在系统里的正确态度

——摘自《李中莹亲子关系全面技巧（升级版）》

人物

心理学者。著有畅销书《当我遇见一个人：母婴关系决定孩子的一切关系》，从精神分析心理学角度详解童年关系对人一生性格命运的影响。其新浪微博“@李雪爱与自由”以颠覆性的育儿观广受欢迎。

——李 雪

观点

教育的本质是父母的自我修行，父母是孩子所有问题的根源，爱和自由是唯一的答案。

给孩子爱与自由

孩子，无须教育，教育的本质是父母的自我修行。父母是孩子所有问题的根源，而爱和自由是唯一的答案。

给孩子的爱，永远不嫌多

给孩子充分的爱

之所以一再强调父母要给孩子充分的爱，要从一件事情说起。

大概是2011年，《美国人带孩子的17个绝招》在网上疯狂流传，被很多80后妈妈奉为育儿圣经。文章中表达了这样的观点：孩子哭时，妈妈不要管；孩子不哭，妈妈才抱他。它的实质是曾经在欧美出现、现在早已被摒弃了的行为主义育儿“哭声免疫法”。我看后，感到非常痛心！因为自闭症、精神分裂症、反社会人格、变态杀人狂，都存在这样的心理基础：1岁前母婴依恋严重断裂，婴儿在情感上长期得不到回应。

婴儿一生下来就需要一种全能自恋的感觉：这个世界和我是一体的，我要什么就有什么。我想要抱，就有人抱；我饿了，就有人喂；我哭了，就有人回应我……当全能自恋感遭到严重毁坏时，孩子的心理发育水平便会卡在这个时期。比如有的孩子看见什么东西就会要求必须立刻买下来，稍不如意就歇斯底里甚至殴打父母，这样的孩子通常被我们解释成是父母太溺爱孩子，才会把孩子宠成这样。然而真相却是，这样的父母严重缺乏真爱的能力，在孩子处在婴儿期时，缺乏与他之间的情感呼应。更极端的情况是母婴依恋极度破裂，甚至建立的是施受虐的母婴关系，这就是变态杀人狂、精神分裂症、反社会人格的温床。

虽然不是所有全能自恋感遭到破坏的孩子都会有严重的精神问题，但是一个人的心理问题，发生在越早期，后果就会越严重。所以，妈妈要给孩子的是充分的爱，而不是那些残酷的训练。

爱与溺爱

每当我提出要给孩子充分的爱时，家长们总会表现得很担忧：

"我们不是不爱孩子，就怕溺爱孩子，他们会变得自私任性，无法无天！"我的回答是："溺爱，是我们臆想出来的词，给孩子的爱是永远不嫌多的。"

"溺爱"，不是因为父母爱得太多，而是因为爱得不够。"溺爱"孩子的父母不是在爱眼前的孩子，而是在爱自己内在投射的小孩。我曾遇到过一个妈妈，她非常喜欢给孩子买衣服，几千元一件的童装塞满了整个大衣柜。别人都说这个妈妈太"溺爱"孩子，其实，妈妈想满足的是她自己。这个妈妈小时候家里很穷，总是穿姐姐剩下来的衣服，所以等她有钱后，就拼命给自己孩子买衣服。其实，孩子只需要几毛钱一张的贴纸，但妈妈就是不给他买，因为妈妈认为他不"需要"贴纸。所以，这个看上去拥有很多爱的孩子，实际上非常缺乏爱。

"溺爱"就是这样一个孤独的游戏，只是满足父母的需要，而不是孩子的需要。有个妈妈在微博上跟我倾诉："我必须限制孩子买玩具和零食，否则他就会恨不得把整个商场都搬回来！"我告诉这个妈妈："恨不得把整个商场都搬回来的其实是你内心缺乏爱的小孩，不是真实的孩子。不信你放开限制试一试！"这个妈妈半信半疑地照着做了。最开始，孩子一进入商场，不知道选哪个。可是后来，他只选了一两样自己最喜欢的玩具和零食就出来了。孩子其实非常清楚自己想要什么。

"溺爱"的孩子为何自私

那么，被打上"溺爱"标签的孩子，为什么会表现得自私任性，从不考虑别人的感受呢？这是因为妈妈不懂得如何清晰地表达，即让孩子明确了解自己的感受。

三四岁的孩子吃苹果时，会很自然地说："妈妈，你也吃！"如果妈妈懂得清晰地表达，就会说"谢谢宝宝，妈妈很喜欢吃苹果"或者"不用了，妈妈不喜欢吃苹果"，这样孩子就会明白妈妈的需要。但现实中的妈妈经常会说："我不吃，苹果都给你吃吧！"这样的事情反复发生，孩子就会觉得："哦，妈妈没有需要。"将这种感觉延伸出去，他就会觉得，别人都是没有需要的，只有自己有需要。因为妈妈不会清晰地表达，所以很多孩子没有物权的观念，甚至认为别人没有感受。

久而久之，在孩子心里，妈妈就不是一个有欲望、感受、需要、喜好的"人"，而是一个物体，就像一张桌子。规则和界限都是在人和人之间产生的，在人和桌子之间是产生不了的。如果妈妈是这种阉割自己感受的人，那么孩子怎么能形成界限感，又怎么能懂得尊重别人呢？

有的父母很情绪化。心情好时，孩子做什么都可以，我的东西你随便拿；心情差时，孩子做什么都不行——原来看电视没事，现在看电视就要挨骂。在孩子心里，妈妈一会儿是桌子，一会儿是刺猬，他不知道正常的情感在哪里，不知道看见别人伤心要安慰一下，不知道动了别人的东西，要跟别人先说一声……于是，孩子变得很"任性"，和其他小朋友相处时经常有矛盾，却不知道自己错在哪里。

缺爱的孩子，不懂得爱别人

孩子如果缺爱，后果则会更严重。对此，我深有体会，因为我曾经就是一个缺爱的孩子。我的父母缺乏爱的能力，经常把我当作情绪的宣泄口。尤其是我的母亲，由于从小被父母忽视，她非常怨恨父母，甚至在潜意识里想杀了他们。但怨恨父母不被意识所允许，这种恨便转化成了被迫害妄想，妄想爸爸和我要害她。因为妈妈的不断“催眠”，童年时的我，曾经一度认为爸爸是个坏人。

因为极度缺爱，所以成年后，我也没有办法进入任何关系中，即使进入一段关系，也像是自己跟自己玩，无法关注别人，不会处理矛盾，整个人处于原始自闭期。在很长的一段时间里，我都没有爱的能力，不会爱别人。我只关心一件事：我怎么才能让自己活下来？怎么完成自我成长和自我拯救？后来，通过深入学习心理学，我才终于从原始自闭期中走了出来，重新获得了爱的能力，既能够爱别人，也能够为自己负责，能够正常地恋爱，感受幸福。现在的我，知道自己的一切感受，都是源自内心的剧本；不会因为自己内心的剧本，再去折磨别人。

缺乏母爱的孩子很可怜，但是如果一个女孩，既没得到母爱，父爱也少得可怜，要去争取才可能得到一点点，那么她长大后，很可能会“第三者成瘾”。我遇到过这样一个女孩，小时候，她的父亲很少回家，妈妈和她都得不到这个男人的爱。因为得不到，所以就更加渴望，就像两个饥饿的乞丐去抢一块面包。这个女孩既想跟母亲争夺父亲的爱，又很愧疚，因为潜意识里她明白：妈妈得到的爱也很少，我不该和妈妈争！于是，每次父亲回家，她都远远地避开他，尽量不跟他说话。但是这种跟妈妈抢夺父亲的想法让她产生了第三者情结。这个女孩长大后，总是莫名其妙地对已婚男人感兴趣，想把他们从妻子手中抢过来。

如果父亲的爱比较充足，能够既爱妻子又爱女儿，那么就不会有这个问题。打个比方，如果两个人面前只有一块面包，那么他们肯定抢得很厉害；但是如果两个人走进的是个面包铺，周围全是面包，那么就不会去争，这个争夺的情结也会淡化。

一个家里，最理想的状况是：爸爸爱孩子，妈妈爱孩子，爸爸和妈妈彼此相爱，而且父母之间的爱是第一位的，这就形成了一个流动的三角关系。在这种家庭中长大的孩子，将来一般不会成为第三者。因为得到充分爱的她，会尊重别人的夫妻关系，就像尊重自己父母之间的爱情一样。

孩子的任何行为问题都是在自救

很多父母本来什么都不懂，但是一生了孩子，就觉得自己什么都懂了，不断去纠正孩子、限制孩子。更可悲的是，很多父母爱的能力一点儿也没有增长，但是控制和自以为是的能力却与日俱增。

给孩子自由

有的父母好一些，知道要给孩子自由，但是给的心态不对。给孩子自由，父母首先必须要有一颗敬畏的心：吃糖对孩子好不好，看电视对孩子好不好，这次考试分数对孩子意味着什么……这些我都不知道，只有孩子自己知道。我只能敬畏地去陪伴孩子，尝试去理解他。就算不理解也没关系，我完全信任他，不打扰他。但是当孩子需要我帮助的时候，我一定会积极回应。

一旦父母产生“只有我才知道”的念头，他们是看不到孩子的，看到的只是自己头脑中构建的那个幻象。

每当我建议父母给孩子自由时，家长们总会当即反驳道：“孩子如果喜欢玩手机、打游戏，我也要给他自由，眼睁睁看着他堕落？”我回答说：“为什么孩子喜欢玩游戏、手机？一是因为以前父母禁止太多了，他们没有自由；二是因为孩子感觉自己很孤独。感受一下：如果有一个人，像心理医生一样，全神贯注地倾听你、理解你。他会陪你玩，陪你聊天，也可以安静地陪伴你，他的能量和你连在一起……那么你还需要沉溺网络和手机吗？”

我接触过一个 5 岁的孩子，他很喜欢玩平板电脑，天天抱着不松手。爸爸妈妈都很担心，但是只要拿走平板电脑，孩子就会号啕大哭，在地上打滚。有一天，家里来了一个很喜欢小孩的叔叔，他把小孩抱过来，一起玩警察和小偷的游戏。孩子一举起水枪，叔叔就毫不犹豫地倒在地上……整整一个下午，叔侄俩一起玩了很多游戏。孩子玩得特别开心，早就把平板电脑扔到一边去了。

如果孩子和父母在一起时，彼此之间一点互动都没有，那么他就必须捆绑一个过渡的客体，比如电脑、手机、平板电脑、游戏机等等。如果父母不能陪伴和爱孩子，又不让孩子玩这些东西，那他的心往哪儿放呢？除非是极端缺爱，否则孩子的心理是肯定会向前发展的，会扔掉这些情感替代品。我小时候非常喜欢玩插卡式的游戏机，一玩玩了两年。等我上大学后，别的同学都玩网游，我却从来都不玩，因为我对游戏的需要早就被满足了。直到现在，我的手机和电脑里都没有下载任何游戏。

孩子的问题行为是在自救

孩子的任何问题行为都是在自救。我曾经观察过一个沉溺电视剧的女孩很长时间，得出的结论是：是电视让这个孩子活下来。这个女孩很喜欢看《还珠格格》，每次寒暑假电视台重播，她都要坚持从头看到尾，看了无数遍。这个女孩非常缺爱，从出生起就被父母扔在奶奶家。小燕子只是一个普通的女孩，可是周围所有人都喜欢她、围着她转。于是，她沉浸在《还珠格格》里，沉浸在自己像小燕子一样被所有人爱的幻想里。通过电视剧，她重建起自己的全能自恋感。如果直接面对没人爱自己的现实，她可能会绝望地自杀。

曾经严重缺爱的我，也出现过问题行为。我获得了两个重点大学的学位，但是毕业第一年，却每天待在出租房里，不找工作，除了吃就是睡。别人都觉得我堕落，没救了。可就是通过那一年，我成功地度过了自闭期。如果我没有经历过那个阶段，而是直接去工作，那么我很可能活不下来。因为，一丁点儿的工作压力都会让我崩溃。

孩子的身体里有自我保护的机制。他们总能用一些方法，防止自己走向更危险的境地，这些方法就是我们大人所说的“问题行为”。可是，如果父母禁止孩子的问题行为，不允许他上网、看小说、打游戏……那么他可能就会做更危险的事，自残、吸毒、滥交、自杀……譬如小孩吃手指，是为了替代哺乳期没有完全得到的满足。如果大人禁止孩子吃手指，那么孩子长大了就可能会有恋物癖。所以说，一味简单地禁止孩子的问题行为，而不去寻找背后的原因，将来就会在更大的问题上偿还。

如果给不了爱，至少给孩子自由

问题行为的根源是缺爱

孩子所有问题行为的根源，都是缺爱。当孩子出现问题行为时，父母要反省自己，然后给孩子爱。需要注意的是，如果孩子一直很缺爱，父母突然给他爱，他可能会出现退行现象。比如突然不能自己吃饭了，要妈妈喂；走路走不稳了，要妈妈抱；不能自己睡觉，要妈妈陪；甚至出现攻击性行为：歇斯底里地叫喊、打父母。孩子当初缺爱越严重，攻击性行为就越多。

我接触过一个女孩，由于父母重男轻女，她一直很缺爱，在初中时就开始滥交。妈妈发现后非常震惊，对女儿又打又骂，可是她一点儿悔改的迹象都没有。于是妈妈开始反思：“为什么以前很乖的女儿会变成小太妹？是不是我哪里做得不对？”妈妈看了很多心理方面的书，终于发现了自己的问题，开始给孩子爱和自由。但是女儿一直跟她发脾气：“我小时候你对我太不好了，你知道我多难受吗？那时候我就像个孤儿一样，没人疼没人爱！”这种攻击持续了大半年时间。妈妈很困惑：“我已经对她这么好了，为什么她一点儿都感受不到呢？”我告诉这位妈妈，女儿发脾气的行为，是一种退行现象，她回到了童年时受伤的自己。把心中积攒的愤怒表达出来，心中的伤口就渐渐愈合了，这其实是一个很好的现象。如果这些怨恨没有表达，继续在心里发酵，女儿就会把对父母的怨恨，发泄到伴侣和孩子身上。

A 欺负我，我去恨 A——这种模式看起来境界不高，但是这种恨是可以解决的，譬如打架；A 欺负我，我去恨 B——这种模式很糟糕，因为无论你再恨 B，你对 A 的委屈和怨恨都解决不了。

爱与自由

缺自由的孩子，必然缺爱；而自由，是缺爱孩子自救的动力。所以，缺爱但不缺自由的孩子，就像一株小草，只要你不去限制它，它就能从地底钻出来，不断向上生长；既缺爱又缺自由的孩子，他会不敢动。因为他一旦动，就会受到父母的攻击、控制和抛弃。缺自由的孩子，非常缺乏创造力，总是被动地等着别人告诉自己怎么做。可是事实上，又有谁能帮别人指出一条活路呢？所以，既缺爱又缺自由的孩子，连自救都会变得很艰难。

为此，我还写过一个小树的寓言故事：干旱时，小树为了自保，把树叶卷起来，防止水分流失。园丁 A 看到这个现象，知道小树缺水，就给小树浇了水；园丁 B 很懒，不去管它；园丁 C 学过很多知识，认为一棵健康的小树，树叶应该是充分伸展的，这样才能进行光合作用。于是他把小树的树叶一片片掰开，不许它蜷着。结果是，在园丁 A 和园丁 B 照顾下的小树都活了下来，园丁 C 照顾的小树旱死了。

我想通过这个故事告诉父母：我们做园丁 A，能够看见问题的本质，给孩子爱和自由，这是最好的；如果没有爱的能力，我们就去做园丁 B，不去干扰孩子，他也能活下来。如果像园丁 C 一样，既没有爱孩子的能力，又自以为是地纠正孩子，那就是把孩子往死路上逼。孩子既没有爱的基础，又没有自救的动力，只能活得越来越差。

身为父母，你会选择做园丁 A、园丁 B 还是园丁 C 呢？在做出选择之前，请永远不要忘记，对孩子来说，他们最需要的是：爱与自由。

人物

希望24小时热线创办人、学术总监，台湾大观心理治疗所院长、自杀防治协会秘书长。出版《家庭心理学》《自杀防治理论与技术》《快不快乐心理学》《儿童游戏治疗心理学》等多部心理学教材名著。

——林昆辉

观点

自杀绝非是一时激动的意外事件，而是源于当事人的生命“拉力”和“推力”关系的失衡。当一个人拥有足够的幸福感与价值感，其生命的“拉力”系统就会抵抗因痛苦感、无价值感而产生的自杀“推力”，让他好好活下去。

每一个生命都该被挽留

有数据可查的，全球每年有100万人死于自杀，中国占了30万。这相当于我国每天至少有822人以自杀的方式离开这个世界。有自杀念头或自杀未遂的人数，也高达200万！

这是多么恐怖的数字！自杀比灾难严重得多，但我们习惯闭口不谈，更别说自杀前后的心理干预了。

自杀不是意外，是“推力”太大，“拉力”太小

拉力系统

每当有人（媒体）说到某个自杀事件是“意外的偶然”“万万没想到”时，我都会连说三个“No”！

自杀率高的原因不在于时代和社会，更不是因为个人挫折容忍力低，经不起打击，而是当事人没有构建起完整的“拉力系统”。何为“拉力系统”？每个人在想到自杀时，都会有一个声音提醒你：“不要！”这个声音就是拉力。拉力来自情感的幸福感和自我的成就感。与之相反的就是推力，即创伤事件带来的痛苦感。

每个人的内心，都是两种“力”组成的系统。拉力系统由亲人、情人、朋友、职业价值、个人价值等一切可以提供存在感的正向人、事和物组成，是可以让一个人幸福地生活着的正面力量，也是我们面临创伤时，可以安然度过的基础；推力系统，由学业不成功、亲人疏离、失恋、失业等一切可以让人感到受挫的负向人、事和物组成。它会让人感觉低落、失望，甚至绝望，从而让人产生轻生的念头，甚至实施自杀行为。

当一个人出现了自杀的念头时，若拉力大于推力，就会打消这个念头；若拉力等于推力，就会接受这个念头，但是不立刻执行；若拉力小于推力，一些人就会企图肯定这个念头并想方设法去执行。

拉力系统不够导致的悲剧故事

一个小学六年级的女孩某天回到家里时，发现心爱的蜡笔少了一支。于是她出去买，但跑了好几个文具店都没有找到。回到家后，这个女孩在浴室上吊自杀。事情发生后，所有人，包括孩子的家人，痛苦之余都震惊万分：为一支蜡笔而自杀，现在的孩子有多脆弱和不可理喻?! 但是，在我看来，女孩自杀绝不是因为一支蜡笔。而是因为她的拉力系统过于弱小甚至没有，所以“买不到心爱的蜡笔”这么微不足道的一件事，都成了导致她自杀的巨大推力。也有人会说，小学生自杀，源于现行的考试制度，或者她在学校遇到了什么不高兴的事。

失去一支蜡笔、在学校遇到了不高兴的事，可能是导致女孩自杀的创伤性事件，但绝对不是根本原因。无论年纪大小，一个人幸福感的大小，或者说抵抗痛苦的比例大小，会决定他是否会选择活下去。想死的人都会看看手上有多少幸福，想想自己是否有活下去的理由和价值。“如果我死了，爸爸妈妈怎么办？”这个女孩选择自杀前可能想过这个问题，但答案有可能是：“我不在了，他们或许就不会操心、吵架了。我死了，他们会更快乐。”

这个女孩的悲剧源头，一定是她未曾从父母那里得到足够的爱，或者父母爱她的方式让她很痛苦。死，似乎要比继续和父母生活在一起好。所以，她选择自杀的原因不是太痛苦，而是一丁点儿快乐都没有了。

玩乐是孩子童年的拉力

我曾接到一个10岁男孩的电话，男孩说他想自杀。被问到原因时，这个小男孩哭着说："叔叔，我都没时间玩。"对成人而言，赚钱、住大房子、开豪车是快乐，但对一个小孩子而言，玩就是快乐。如果父母只让他学习，他就会痛不欲生。我的儿子上小学时，总是在疯玩，我问他为什么那么喜欢玩？他说："爸爸，我是小孩！"我说："好吧，你继续玩，只要你开心就好！"

我们总说"快乐童年"，但大多数孩子的童年是什么？是上各种培训班、节假日没有休息。父母大都告诉孩子"先苦后甜"，但孩子却只在意现在是否"甜"。不能玩乐就没有幸福感和自我价值感，拉力系统完全崩溃，所以很多看起来很听话的优秀孩子，最终会选择自杀。

除了小学生，也有越来越多的大学生（以及一部分高考生）选择跳楼轻生。这些孩子的父母悲痛之余也会非常不解：我们倾其所有地为孩子付出，为什么他们要死？我的孩子资质这么好，为什么越来越不好管教了？为什么他们的负向偏差[①]竟然会这么大？

归根结底，还是因为拉力不够。那么，如何建立一个人尤其是孩子的拉力系统，从而让他在创伤事件来袭时，能抵御推力好好活下去？

① 负向偏差的心理学解释：故意不去做该做的事，故意去做不该做的事。

储备足够的幸福感：让拉力系统坚不可摧

拉力系统薄弱或者没有拉力系统的人，即便遇到很小的负向事件：小学生因为没买到一支蜡笔、成绩考砸了被妈妈骂，大学生遭遇失恋或学费被骗……这些推力就会把他们推向绝望的深渊。但是，每个人都无法避免遇到负向事件，总会有感到痛苦的时刻。怎么办？我们要做的，就是建立更强大且完善、任何痛苦都推不倒的拉力系统。

幸福感不能稀释掉痛苦，痛苦就在那里。但是更多的幸福感，可以让我们承受更大的痛苦，从而让拉力系统坚不可摧。对我来说不管怎么难过，我一回到家，所有的痛苦就都烟消云散了。家人是我幸福感和价值感的来源，让我把痛苦放在一边。我活到 60 岁，一直在不断储备幸福感，而给予我幸福的，都是家人。小时候是父母，长大后是恋人，结婚后是妻子和孩子。

大学生自杀率高的根本原因，并不在于时代和社会，更不在于弃他而去的恋人，或是无情的骗子，也不是因为挫折容忍力低、经不起打击，而是从小到大，他没有积累起足够的幸福感，即“拉力系统”。所以每个人成长过程中的必修课，不是如何放下痛苦和抵抗挫折，而是如何好好活着的生命教育。好好活着，就是协助孩子建立起自我成就的幸福感，承载友情、爱情、亲情的幸福感，维护好坚固的“拉力系统”。

危机干预的重点是家庭

对年纪小的孩子，父母要让他们在该玩的时候尽情地玩乐；对于成年的孩子，父母要让他们努力做自己，告诉他们没有什么比生命更重要，有任何困难都可以找父母。友情、爱情和亲情这四种情感“拉力系统”，孩子缺少哪个，父母就给予他相应的训练。而这其中，父母就是最可靠的感情拉力。

家长最该做的，是要让孩子能爱你，让他们遇到问题时能想起父母。自杀者心中有父母时，他就不会选择死亡，只有心中已经没有人值得他留恋时，他才会失去生存的动力。要让孩子明白，生命不是只为自己活，而是还要爱别人。

如今，老年人自杀的现象也越来越严重。我们都认为独居、留守老人更可能自杀，实际上，居家老人的自杀率更高。独居老人没有人可以聊天、交往，所以也就不易产生矛盾冲突。居家老人会和老伴、子女发生各种各样的矛盾。而他们幸福感的来源，都源自子孙后辈。但是现在的大多数家庭，都是孩子“最大”，一切都以家里年龄最小的成员为中心，孩子喜欢什么，那我们和老人也就要喜欢什么。

这就形成了一个可怕的现象：六个大人疼一个孩子，孩子被无限宠爱，却不觉得自己很幸福、要感恩和回馈，而是变得越来越自私。而得到一点儿关心就会很幸福的老人呢，却被所有人忽略掉，没有得到一点点关心。所以最后，他们也会像小孩一样，遇到一点儿“小事”，比如打电话给儿子却没被接听、被女儿呵斥“管太多”，就决然地跳楼自杀。

家人间的关心变少了，对话与互动变少了，冲突和责骂变多了，这都说明你的家庭生病了。危机出现了，应该赶快解决。我们要让孩子管理自己的欲望，学会尊重别人，这样才会具有走向社会所需要的品格。我们还应该及时解决家庭危机，在处理好亲密关系的同时，给予孩子和老人足够的爱和关心，才是防治自杀的良药。

所以，危机干预的重点是家庭。老人老有所乐，夫妻俩安然欢喜，儿童轻松快乐，家庭成员都拥有幸福感，那么无论他们是在家里还是走到外面，才都会快乐生活。

“六变三托”“三规六禁”：每一个生命都能被挽留

每个家庭都有足够的能量，每个家庭成员都感到幸福，从而有足够的“拉力系统”抵御自杀的念头，是根本不可能的。我希望每个人都能成为自杀危机干预的志愿者，为挽留更多生命而努力。

“六变三托”

那么，我们如何成为自杀危机干预的志愿者呢？每个有自杀念头的人，其实都有“六变三托”，即六种巨大的改变和三种托付的征兆。

“六变”是指性情、行为、花钱、言语、身体、环境的改变。

性情改变，指原来腼腆羞涩的人变得飞扬跋扈，原来阳光开朗的人变得孤独和害羞。

行为改变，指做自己不应该做的事、不做自己应该做的事时没有愧疚感。

花钱改变，指花光积蓄，用钱来交代和这个世界和某些人的关系。

言语改变分四个阶段：第一阶段，总是谈生命的意义和价值，从某本书、某个观点里努力寻找自己活下来的理由，找不到就觉得自己该死；第二阶段，寻找死的理由，死亡的价值、仪式、费用和程序；第三阶段，询问自杀的方法，比如在网上检索吃什么药、吃多少颗等；第四阶段，动辄提到“死”字，比如天气冷会抱怨“冻死好了”，稍不如意就说“干脆死了算了”。

身体改变，指出现急性或者慢性重病的人往往会出现自杀的想法。

环境改变，比如天灾人祸、家毁人亡。并且，越坚强的人就越有自杀的危险。因为坚强，他们得到的关心、支持的概率就更小，“拉力系统”渐渐匮乏，敌不过“推力系统”而走向极端。

“三托”：托人、托事、托物。托人，指突然向亲友嘱咐、要求或委托，加强对某人的照顾；托事，指突然把自己的重大事件，要求或委托他人代为执行或完成；托物，指突然将身边重要的文物、玩物或宠物，要求或委托他人代为照顾或保护。

“三规六禁”

如果发现身边有存在自杀倾向、采取过自杀行为的人，我们要做到的是“三规六禁”。

“三规”是指“陪、听、说”。

“陪”，是指温柔体贴、和颜悦色、流露感情地陪伴，表达关爱，照顾起居生活。“陪”是如影随形地陪同，上楼跟后面，下楼挡前面，绝不让当事人离开自己的视线。

“听”的原则是只听不说，不说是指不对当事人提问，而随时要准备好听当事人说话，对方一有说话的征兆，陪同者就要在第一时间转头看对方并做倾听状。千万不要边听边回嘴，问东问西，尤其是问原因。

“说”则是指如当事人长时间（整天）不说话，陪同者才可对他说话，但不是提问，而是要说生活琐事，不劝善（不要告诉他自杀是错的，不要自杀）、不责骂、不哭哭啼啼、不抱怨、不哀求；控制好自己的情绪，不要问他为什么想自杀，而是通过告知他家中每个人身上发生的事情，来重建当事人以及家庭与实体生活现象的“连接”，重建其“拉力系统”。

“六禁”：不要劝善，诉说人生有多美好；不要规过，要求别再做错事；不要哀求，责怪当事人让你伤心哭泣、生病；不要责骂，生气辱骂责备当事人；不要抱怨，责怪当事人引起大家生活的不便与困扰；不要质问，逼问事件发生的原委。

有些人看到网络直播自杀案例，会受到负面影响甚至暗示。如果感到不适，应该马上求助。首先，找人陪伴，找喜欢和在乎自己的人聊天、一起做事；其次，看一些正面励志类的书籍、听交响乐。

如果自己仍然无法排解，可以拨打“希望 24 热线”的电话 400-161-9995 求助。

总之，发现自己或他人有自杀倾向或危机的时候，可以遵循如下程序：1. 找人陪伴或给予陪伴；2. 自己拨打“希望 24 热线”或告诉当事人热线电话号码；3. 到医院接受心理治疗或协助对方接受心理治疗。

关于自杀，我们有太多误区，比如考生自杀是因为高考制度的错，那为什么应试教育下的大多数孩子都活得好好的？媒体大篇幅地报道自杀事件本身，过度揣测责任归因，也会造成社会大众的比较和跟随，从而引导自杀。媒体用多少版面报道自杀事件，就应以同样多的版面来进行危机干预、普及防治知识。

人生不如意事十之八九，从不如意、不快乐、不幸福到痛苦，生命就这样从生向死。但是，没有什么比死更可怕，没有什么比生命更为珍贵。所以，爱自己的同时也爱身边的人，彼此相信和陪伴而不是指责、伤害甚至相看两厌，从而建立坚不可摧的“拉力系统”，是我们每个人来到这个世界的责任和意义，也是最好的危机干预和预防自杀的方法。

第六章

陪孩子一起快乐成长

人物

著名心理学者，情商教育专家，美国佐治亚理工学院心理学博士，“青少年情商魔法课堂”的创办者。曾担任央视《开学第一课》、湖南卫视《变形计》等节目的心理顾问/嘉宾主持。著有《幸福在哪里》等情商教育著作。

——张怡筠

观点

这是个以情商论成败的时代。80% 情商 +20% 智商 = 成功，100% 情商 = 幸福！因此，情商教育是每个人的人生第一课！

情商教育的三堂必修课

没有情商，智商再高也枉然

小时候的我十分活泼，很有自己的主见。为此，我有时会挨妈妈的打。因为我妈妈小时是被父母用打骂方式教育长大的，刚开始做母亲的她，也有样学样地打骂孩子。然而，在我 12 岁那年，在经历了妈妈很长一段时间的“夜间失踪”后，我突然发现：妈妈变了，原来会打人的妈妈再也不打人了。后来我才知道，妈妈是去学习了有关心理学的成长课程，因而改变了自己的教育方法。妈妈不再打我，她变得亲切和幽默，变得更愿意花时间陪我玩耍、听我说话。而且更多时候，妈妈会鼓励我对许多事情有自己的判断和看法，并不断给予表扬。

一直到现在，70 岁的妈妈都保持着开心乐观。她优化了自己，用现在的眼光看，就是成功变身成了孩子的情商教练。有这样的妈妈，我真的很幸运。

自己的成长经历，让我意识到心理学对人的重要影响，因而立志成为心理学家，后来也一直投身于情商的研究与教育工作。

情商（EQ），是情绪智力商数的简称，是一个人对自己和他人情绪的认知及管理能力。情商的主要内容包括自我情绪认知能力、自我情绪管理能力、认知他人情绪的能力、人际交往能力四个方面。简单点说，就是一个人运用情绪，圆满处理自我及人际关系，达成生命目标的能力。

研究发现，对一个人的成就及幸福的贡献，情商比智商都重要多了！而情商虽然会受到遗传影响，但后天的教育及学习更为重要。良好的亲子关系及家庭教育，会弥补孩子情商的“先天不足”，培养出有高情商的宝宝。

情商教育第一课：自信

那么，一个高情商的宝宝最明显的表现是什么？——是自信。

自信是情商的重要基础及能力。几乎每次亲子讲座后，都会有妈妈忧心忡忡地向我倾诉："我觉得我家宝宝不自信，总说'我不会''我做不到'。比如宝宝嚷嚷着要拼图，我们给他买回来了，他的反应居然是'我拼不好，还是妈妈帮我拼吧'。"

很多学龄前的孩子常常将"我自己来""我能行"挂在嘴边，表现得自信满满。但是，也有些孩子是典型的"我不会"宝宝，总是不敢去尝试新事物，总是显得很胆怯，处处退缩，此时爸爸妈妈要特别用心地去培养孩子的自信。

自信，是指一个人对自身价值的肯定，是对自己外貌、能力、人际关系等各个方面持有非常积极的信念。

由于自信是一个人情商能力的基础，其重要性就如同大楼的地基，在地基不稳的情况下，房子越高就越容易坍塌。许多父母喜欢用"孩子你是最棒的"之类的话泛泛地夸奖孩子，其实无益于培养扎实的自信。自信的孩子有两大正面自我认知："我是可爱的"和"我是能干的"。

如何培养孩子的自信

从本质上看，"我可爱"源于孩子从他人口中获得的积极评价，"我能干"源于孩子过往胜任某项工作或任务的经验。如果想培养孩子的自信，就需要呵护和强化孩子的这两个信念，家长们不妨从以下两个方面着手：

实践和体验，让孩子的自信更扎实。让孩子体验自己成功完成任务的感受，能增强孩子的自信。孩子自己可以做的事情就让他自己去做，小到吃饭、穿衣、刷牙、洗脸，大到日常生活中的交际应酬，家长没必要包办代替。家长还可以鼓励孩子参与一些相对简单的家务，并及时给予认可：“你把地板扫得很干净，真让妈妈大吃一惊！”孩子会因此获得胜利完成任务的成就感，也获得了父母的认可，从而对自己的能力感到满意而更加自信。

肯定和鼓励，让孩子的自信更牢固。来自父母的肯定和鼓励，能让孩子更相信自己。怎么做更有效？

首先，肯定和鼓励要及时，每当孩子有良好表现就要立刻给予肯定。

其次，肯定和鼓励要具体而不是泛泛的“你真棒！”例如，孩子自己收拾玩具，父母可以这样表扬：“今天，你不需要提醒就自己主动收拾玩具，而且摆放得很整齐。”具体的反馈，会让孩子清楚自己在哪些方面做得好，该继续怎么做。

另外，肯定和鼓励要客观。许多家长可能会认为，时不时夸孩子“你真棒”“你好聪明”会让孩子更自信。实际上，有客观事实作为基础，孩子才能从内心真正认可自己。因此，家长可以和孩子一起回顾某件事情的具体经过，一边帮孩子梳理当时的情绪感受，一边对孩子的行为表现给予客观评价，让孩子对自己的认识更全面，获得更扎实而不是盲目的自信。

比如那个嚷嚷着不会做拼图的孩子，我建议家长这么做，从而帮助孩子树立自信。当宝宝说“我拼不好，还是妈妈帮我拼吧”时，妈妈先鼓励孩子参与拼图活动：“我和你一起玩拼图好不好？”

当宝宝成功找到一片拼图时，妈妈要及时肯定："宝宝找到一块合适的拼图啦，真是努力的好孩子！"此外，妈妈还可以时不时"示弱"："宝宝，快来帮妈妈，妈妈怎么找不到呢？"

当孩子认为自己的存在有价值、自己被人爱，并且相信自己有能力去面对各种挑战时，也就获得了通往成功和快乐的钥匙。

情商教育第二课：处理冲突和愤怒情绪的能力

很多孩子非常自信，他们也擅长在公开场合积极表现，并恰如其分地展现自己的能力。但是，他们容易发脾气，面对冲突要么回避，要么采取极端方式，这是我在亲子课堂中遇到的很普遍的一个问题。

在我的课堂上，有很多宝宝是那种十分讨人喜欢、一看就是小甜心的孩子。他们的嘴巴特别甜，也总是开心不已，就像小天使一样。但当他们的父母被要求"描述宝宝"时，竟然有高达 95% 的人选择"易怒"。很多父母在孩子表现出这样的情绪时，或是觉得"等一会儿就好了"，或是和宝宝一起恼怒发飙。其实这样做，对培养孩子的自我情绪管理能力毫无作用。2010 年，以色列的一项研究发现，家长忽视幼儿的负面情绪（比如哭泣、发怒等），或要求孩子压抑情绪，会削弱孩子的情绪觉察和共情能力。

当孩子悲伤或愤怒时，家长要避免哪些误区？美国学者约翰·戈特曼博士认为，有三类做法不利于培养高情商的孩子：第一，忽视孩子的负面情绪，觉得无关紧要；第二，对孩子的负面情绪不满，甚至指责或处罚他们；第三，接纳了孩子的负面情绪，但却没有引导孩子如何处理情绪。

在宝宝伤心时，我建议父母切忌有如下反应：

1. 假装没看到；

2. 对孩子说“不哭才坚强”；

3. 呵斥“不准哭”，甚至动手打孩子。

对于孩子来说，家长无条件地接纳他们的情绪并有所回应，才有利于孩子的情商发展，即培养处理冲突和负面情绪的能力。

另外，体罚伤自尊也积怨气，是最糟糕的情商教育。我最不能接受的就是父母打孩子。孩子的负面情绪积压，家长没有重视并及时和他们沟通以帮助排解和处理，相反却暴力相向，后果可能会很严重。对于现在很多青春期的孩子选择轻生，我感到很痛心，这都是因为父母没有及时给孩子上好情商教育这一课。

情商教育第三课：乐观、感恩和同理心

因为是独生子女的关系，很多孩子养成了以自我为中心、不懂得感恩的坏毛病。这是我在亲子课堂上遇到的另外一个普遍问题。这些孩子缺乏对别人的宽容、理解和换位思考，缺乏同理心。同理心（empathy）是情商理论的专有名词，是指正确了解他人的感受和情绪，进而达到相互理解、关怀和情感上的融洽。

比如，很多孩子在收到别人礼物、在公交车上被让座时不愿说“谢谢”，很多父母因此觉得没面子、恼怒，会在当时或者事后狠狠

教育孩子。其实，三四岁的孩子都有明白别人善意、完整表达自己的能力，他们不是不会或不敢表达，而是根本就不愿意。这是家长教导孩子礼貌、得体表达的好时机。

聪明的父母，会这样做：

第一，把感谢作为自己的生活常规，给孩子做好示范。比如在家庭里，对待自己的爱人、父母，都应该适时地说“谢谢”。第二，不时提醒孩子体恤他人的好意：“阿姨喜欢你才给你让座，我们一起对阿姨说‘谢谢’吧！”第三，要及时赞扬孩子得体的表达，比如对孩子说：“刚才你用了‘请’字，真有礼貌！”示范得多了，孩子自然会懂得感恩和换位思考。

良好的家庭教育，一个不容忽视的关键点就是教会孩子感恩运气、重视能力。看自己，不因外表及家境优越而得意扬扬；看他人，以人品素质而非权贵财富去衡量对方。教孩子懂得一个人的真正价值，才能教会他经营出自己有价值而且幸福的人生。

乐观是孩子情商能力的关键。乐观的小孩具备如下特质：总能看到事情积极的一面；相信自己有能力面对挑战，把事情做得更好；把成功归结为自身的能力或努力；遇到困难不灰心不放弃；认为总会有好的事情发生。想要孩子快乐成功，父母应该从培养小小的乐观高手开始。

幽默感和想象力，是培养孩子乐观能力的重要手段，当然在这个过程中，也会让管教变得有趣有效。例如，教孩子收拾散落一地的玩具，与其严肃地命令，不如这么开口：“小汽车想念它的家了”“积木宝宝都困了，该回家睡觉了”“铅笔和笔帽是好朋友，让它们彼此拥抱吧”……幽默感，会让大人童心泛滥而兴趣高昂，也会让宝宝养成好习惯，真是一举两得！

父母是孩子最好的情商教练

我曾遇到过这样一个例子：一位事业成功的女企业家，还有个为她挣够了面子的女儿，从小到大，女儿的成绩总是名列前茅，多次获得钢琴、奥数大奖，高中毕业后还被保送到上海著名高校。一切听起来好极了，可是这位妈妈却焦急地说：“女儿刚上大一，最近突然对我说她想自杀，而且，她这样说的时候，仿佛对我充满了敌意……”这位妈妈百思不得其解而又伤心不已：女儿那么优秀，堪称同龄孩子中的佼佼者，而且一向开朗乐观，大好的前程摆在面前，为何要自杀？

通过沟通，我发现，这位母亲和很多中国式母亲一样：在孩子成长的过程中，她只重视孩子的学习成绩：必修科目的成绩、钢琴考级的分数、奥数是否拿奖……妈妈想当然地认为：女儿成绩好，就能上好大学、找好工作、嫁好男人。殊不知，女儿一直过得很压抑，她的乐观、幽默和懂事，都是装出来的。否则，她怎么会在考入名牌大学后，竟想了断美好的人生？

青春期是每个孩子人生中最严峻的考验，一不留神可能就会出现心理风暴。

父母应该知道，培养一个孩子，就如同盖一栋大楼，在打地基时就要想到，某一天可能会有台风、地震来袭。盖楼前就应该把地基打得结结实实，每一层楼都用心盖，不要等到大楼已经盖了十几层高、遭遇台风来袭时，才后悔不已。

近几年，科学家对人类大脑研究后发现：在青春期，神经系统会经历一次重塑，身体、生理也都会经历大的变化，即从儿童到成人的心理风暴期。很不幸的是，这个时期的孩子刚好碰上中考、高考，父母又正处于更年期。如果父母依然一味强调学习成绩，给孩子施加更大的压力，那么孩子就极容易出现问题，而在这个青春大逆反期出现的问题，往往是最严重的。

我还有一个感人的故事想要分享给大家，这个故事的主角是我情商工作室的一位女讲师。这位女士非常积极阳光，善于处理自己和他人的关系，她的幸福和快乐由内而外感染了每个人。而这一切，都得益于她父亲从小到大的教育。比如，学校布置的家庭作业太多，父亲发现女儿有点儿不高兴，就会找到女儿的老师说："作业太多，很抱歉，我的女儿没时间做完。"老师问：为什么其他孩子能做完，她就不能做完？父亲答，因为他要带女儿出去玩儿！"玩儿"，不是纯粹的玩乐，这位父亲总是利用玩乐的时光，和女儿沟通谈心，与她一起分享一本好书或看一场电影。与此同时，父亲总是时时处处做好女儿的表率，自信、乐观，拥有处理自我负面情绪和与他人冲突的能力。

这个总是不做完家庭作业的女孩，成绩一直非常优秀。因为，父亲重视培养她的情商能力，让她乐观开心并热爱学习，成绩自然不是问题。

这个女孩一直比同龄孩子显得更加自信而乐观。在她大二那年，她的父亲不幸患了重病。在父亲弥留之际，母亲问："女儿还没毕业、结婚，你怎么舍得撇下她啊？"他答："我一点儿都不担心我的女儿，因为她长大了，是个独立、自信和拥有幸福的能力的孩子。所以我了无遗憾……"

这真是父母最大的成功——把孩子培养成幸福开心的人。

因此，父母是孩子最好的情商教练。如果孩子具备了极好的情商能力，我们还会为他们的人生道路发愁吗？

人物

1986年创办澳大利亚第一所华德福幼儿园，30年来一直致力于研究故事在教育中的作用，在美国、新加坡、中国等8个国家开办故事工作坊，被称为“故事医生”。著有《故事知道怎么办》《故事知道怎么办2》和《故事总是有办法》。

[澳大利亚]苏珊·佩罗

观点

比起说教，治疗性故事既可以帮助孩子解决成长中遇到的各种问题，疗愈心灵创伤，还能让父母和孩子共同踏上一段有想象力的旅程。

故事总是有办法

初次发现故事的魔力

第一次感受故事的魔力，是在我大儿子基伦7岁时。有一次，我给孩子读了一个童话故事《爱帮人的小棕仙》。在故事里，奶奶告诉小男孩，爸爸之所以不快乐，可能是因为小棕仙没有到他们家帮忙做家务。小男孩想知道哪里可以找到小棕仙，于是去请教森林里最有智慧的猫头鹰。猫头鹰告诉他，面对月光下的湖水说一句谜语，这样就可以找到答案。结果，小男孩看见了自己的倒影，才知道原来自己就是小棕仙！于是，他回到家里，悄悄帮爸爸做家务。第二天，爸爸快乐地说："小棕仙来我家了！"

读故事的时候，我没想那么多，但意想不到的事情发生了：在接下来的 2 周里，这个 7 岁的小男孩，每天天不亮就起床，然后摸着黑偷偷在家里做家务，刷浴缸、扫地。而这一切的奇迹，都发生在读了这个故事之后。

感受到故事的魔力后，身为幼儿教师的我又在自己的班级里进行了尝试。结果，我用《敲门树》的故事诗，让孩子们爱上了神秘的大自然；用《星星草人》的故事，让调皮捣蛋的熊孩子安静下来；用《小扫帚》的偶戏故事，让幼儿园的孩子们热爱打扫卫生；用《兔子妈妈和大火》的故事，抚平了目睹泥石流灾难的孩子受伤的心灵……

英国有一句谚语：桥下面的水，会越来越多。经过 30 多年的积累，我创作和收集了大量具有治疗性的故事。而这些温和简单的故事，既可以帮助孩子解决成长中遇到的各种问题，也可以疗愈孩子内心的创伤，还能让家长和孩子一起踏上一段有想象力的旅程。

运用故事，帮助孩子解决成长中遇到的问题

和说教性的故事不同，治疗性故事要包含隐喻、情节和解决方案。其中，隐喻就是我们从小学习的暗喻，它以充满想象力的方式，帮助孩子和故事建立联系。通过故事，孩子可以发挥自己的想

象力，然后心甘情愿地改变。

我发现，几乎全世界的妈妈都要面对孩子的一些问题，比如不诚实、懒惰、拖拉、害怕和妈妈分开、晚上睡觉时害怕、不敢大声说话、不能安静地倾听、欺负别的孩子……这时候，给孩子讲故事，可以产生神奇的效果。

爱打人的孩子

针对五六岁的孩子爱打人的问题，我创作了《暴躁的凤头鹦鹉》的故事。在故事中，凤头鹦鹉脾气暴躁，经常用嘴啄伤森林里的其他动物，大家都不喜欢她。智慧的猫头鹰召开了森林大会，提议大家一起帮助凤头鹦鹉。最后，大家想出了一个好办法——在她的嘴上套一个温暖的套子。这个套子是朋友们共同编织的，这样，凤头鹦鹉就再也不伤人了。当她想吃东西的时候，还可以随时把套子拿下来……爱打人的孩子经常听这个故事，就会慢慢学会怎么正确使用自己的力量，而不伤害别人。

拖拉的孩子

在中国开故事工作坊时，有一个爸爸想创作解决拖拉的故事，因为他 7 岁的儿子无论做什么事情都是拖拖拉拉的。他想尽各种办法都不奏效，因此很发愁。他提供了故事的主干：儿子拖拉，喜欢熊，他希望儿子知道拖拉会产生很多不好的后果。我帮助他将故事丰富完整后，一个非常可爱的故事诞生了：

> 在森林里有一头小熊，它负责掌管森林里的钟表。但是，小熊很喜欢玩，不能保证森林的钟走得准时。小熊最喜欢吃蜂蜜，有一天，它突然发现自己罐子里的蜂蜜没有了，就匆匆忙忙地跑去向蜜蜂要蜂蜜。蜜蜂说，是因为花儿开晚了，所以，它没有时间采集花粉酿蜂蜜；小熊找到花儿，花儿说，是因为太阳起床晚了，所以它没有按时开放；小熊又找到太阳，太阳说，是因为森林里的时钟不准，所以它才起床起晚了。走了这样的一段旅程后，小熊终于明白，自己的工作真是太重要了！从第二天开始，小熊非常努力地工作，确保森林钟表每一天都是准时的。于是，太阳按时起床了，花儿按时开放了，蜜蜂按时采蜜了，小熊也吃到甜滋滋的蜂蜜了……

这位爸爸回家后，用很随意的态度，把故事讲给儿子听。因为儿子特别喜欢熊，所以听得很认真，还经常缠着爸爸给自己讲这个故事听。听了几次后，他竟然真的不拖拉了。

过于追求完美的孩子

在我的工作坊里，有很多父母反映，他们六七岁的孩子有完美主义情结，做事情总觉得不满意，然后要从头再来。追求完美是好的，但是过于追求完美，就会给自己和周围的人带来很大压力。而《完美主义者帕特》这个非常有想象力的故事，可以帮助孩子克服完美主义。

完美主义者帕特住在一个完美的房子里，唱着完美之歌，每天打扫房间，让房间一尘不染。但是有一天，他突然发现地板上有一个门，下面有一个房间，房间里有一个木箱。过了几天，当他打开这个神秘的木箱后，发现里面有个和他一般大的巨型枕头。枕头突然爆开，飞出成千上万片羽毛。他拼命地打扫羽毛，可是羽毛实在太多了，最后精疲力竭的帕特再也没有力气打扫了，累得倒在铺满羽毛的床上睡着了。他发现，这是他一生中睡得最舒服的一次……

通过这个故事，我想告诉孩子们，一个人是不可能了解所有的一切的。就像帕特一样，每天打扫自己完美的房子，居然还有一个地方没有去过。而这个未知的地方，让他拥有了一次虽然不完美但是奇妙的经历。这个故事能够帮助过于追求完美的孩子，学会放松地生活。

借助故事，抚平内心的创伤

治疗性故事还可以处理很多创伤性事件，比如孩子目睹灾难、经历父母离婚、亲人离世、疾病、被性侵等等。不好的事情已经发生了，我们无法改变。但是，我希望故事能够给孩子们带来希望的种子，恢复生活的勇气和力量。

在 2011 年日本大海啸期间，很多家庭流离失所，有些孩子目睹自己的家在一天之内毁于一旦，失去了希望和安全感，有的孩子甚至出现了破坏行为。为了帮助这些孩子，我创作了《生命之光》

等多个治疗性故事。

在《生命之光》中，我用灯笼来隐喻希望，虽然怪兽袭击小镇，把小镇上大部分的灯笼抢走了，但还是有一些人家保住了灯笼。他们想办法和其他人分享光明。而且不久之后，春天来了，阳光照亮了小镇上的街道。灯笼发出的光，让小镇上所有的人变得智慧又坚强……如果孩子目睹过灾难，父母可以试试给孩子讲讲这些故事，用希望驱散他们心中的阴霾。

一个 6 岁的小女孩，因为发育迟缓经常受到同学的嘲笑，没有人愿意和她一起玩。她每天都生活在自卑当中，不知道自己活着还有什么意义。为了帮助女儿，她的妈妈参加了我的故事工作坊。大家都为这个妈妈的做法而感动，于是一起创作了一个故事：

> 从前，有一个公主，希望有朋友跟她一起玩。于是，国王下了一道命令，全国的孩子都要去见公主，而且每个人都要送给公主一件特殊的礼物。谁的礼物好，谁就可以成为公主的朋友。在众多的孩子中，有一个孩子手里捧着一个花盆，看起来空空的。公主最后选择了捧着这个花盆的孩子。因为，花盆里种的是需要很长时间才能开花的“国王草”。公主觉得，只有生长最慢的植物，经过岁月的沉淀，才能开出这个世界上最美丽的花朵……

当妈妈把这个故事声情并茂地讲给自己的女儿听时，这个 6 岁的小女孩笑了。她知道，自己虽然发育得慢，但是她和其他孩子一样有价值，并不低人一等。通过这个故事，小女孩走出了心理阴影，重新拥有了自信。

治疗性故事还可以疗愈童年创伤。有一位女士，曾在 3 岁在公园玩耍时受到陌生人性侵。这件事情给她留下了无法磨灭的创伤，直到成年之后，她的心灵都是破碎的，总有一种隔离感和断裂感。参加我的治疗性故事工作坊后，她给童年时的自己写了一个蝴蝶破茧而出的故事。在故事里，困在黑暗的茧中的毛毛虫对担心她的朋友说："别担心，给我一点儿时间吧。"最后，它挣脱了茧，变成了一只既聪明又美丽的蝴蝶，飞向天空。这位女士对我说："通过创作故事，我在一个更直观的层面上接受了童年的经历，而不必去理解它。"这是因为，充满想象力的故事能够改变我们看问题的视角，神奇地改变了童年创伤的意义。

家长可以与孩子一起踏上想象的旅程

用故事，帮助家长陪伴孩子

很多父母因为工作太忙，就把孩子交给了平板电脑、手机和电视。在我看来，对于心性不够成熟、缺乏自制力的孩子来说，平板电脑、手机和电视都是"插电的毒品"，悄然蚕食着孩子诉说和倾听的能力，让孩子沉浸在其中难以自拔。我建议家长每天给孩子读故事、讲故事，因为这是一种直接的交流，既可以增进亲子关系，也可以发展孩子的想象力。

我不会指责那些没有陪伴孩子的家长。我曾经是一位单亲妈妈，独自抚养3个孩子，如果不是懂得幽默，我都不知道自己怎么活下来。我只是希望父母考虑一个问题：说到底，是我们在教育孩子，还是平板电脑在教育孩子呢？打个比方，我们会把孩子扔在肯德基，不管他吃什么吗？就像我们会为孩子选择健康的食物一样，我们也要为孩子选择健康的生活方式，而且态度要坚定。

我想为这些家长写一个故事。在故事里，家长是船长，要带着孩子去旅行。在旅行的过程中，沿岸会有很多东西，有美丽的风景，有热情的人，有可爱的动物，也有充满诱惑力的电子屏幕。孩子可能会受到诱惑，但是船不可能一直停靠在电子屏幕之前。因为船长是一个经验丰富的掌舵者，他知道自己的路线，知道小船要去往何处，更知道自己的价值。通过克服种种困难，他终于带着孩子完成了一次奇妙的旅行。我正在酝酿这个故事，希望能够帮助更多的家长。

在我创作的故事里，还有很多与孩子做家务有关，比如《小扫帚》等。因为我认为，家长除了要给孩子讲故事、陪孩子玩游戏以外，还要请孩子帮忙做家务，如扫地、整理东西等。因为，一个人想要关爱世界，首先要关爱自己的家庭。做家务，可以让孩子爱这个家，成长为一个更完整的人。

另外，我也希望家长们不要太焦虑。在工作坊中，我发现家长们会提出各种各样的问题，有些焦虑。现在，中国大部分家庭只有一个孩子；在西方社会，很多家庭也只有一两个孩子。孩子少，家长自然就会比较紧张。另外，一遇到问题，家长就会上网寻找答案，大量的互联网信息涌来，会让家长更加焦虑，因为焦虑是可以相互感染的。举个例子，如果孩子长了一个红疹子，家长上网搜索

“红疹子”这个关键词，能搜到几千种有这个症状的病。我们本性是会习惯选择最严重的一种来考虑后果的，能不害怕吗？可是，如果家长不在意，可能过了几天，红疹子自己就消失了。在很多情况下，家长要对自己的经验有信心，不要轻易将网上流传的信息当作答案。

故事要量身打造、不说教

在故事方面，我也是一样的态度。我希望家长们最好不要照本宣科，而是根据自己孩子的情况，为他量身打造故事。因为，任何行为都是在特定背景下产生的，有前因后果，极少能孤立地解决。所以，家长是为孩子量身创作故事的最佳人选。

在创作故事时，一定要注意用隐喻，而不是说教。比如《暴躁的凤头鹦鹉》这个故事，有的家长写出了这样的版本：

> 凤头鹦鹉经常啄朋友们。朋友们对凤头鹦鹉说：“我不跟你玩了！”猫头鹰劝说凤头鹦鹉：“因为你经常啄人，人家都不愿意跟你玩了。如果你不再啄人，他们就会跟你玩。”凤头鹦鹉一听，原来是这样，以后就再也不啄人了。之后，森林里的朋友们都和他一起玩了……

在我的工作坊里，经常会有这样的故事被创作出来。我会对家长说，你得重新写一个故事，因为里面有太多的说教了。有些孩子也会听说教的故事，但是更多的孩子会觉得说教的故事特别无聊，不愿意听。一个治疗性故事的精髓，就是通过一次想象力的旅程，让孩子自发地转变。改变绝对不是通过说教来完成的。

创作故事，激发想象力

想创作一个好的故事，需要丰富的想象力。想象力其实我们每个人都有。比如，小时候，看见云，我们会将其想象成马、骆驼、鲸鱼、大象，甚至想象自己躺在云朵里翻滚；看见花朵，我们会想象自己变成露珠睡在花瓣床上，周围环绕着小精灵；看见蝴蝶，会想象自己和蝴蝶一起翩翩起舞；看见树屋，会想象里面住着很多可爱的小矮人……但是，或许是因为缺乏故事滋养，我们长大后变成了想象力匮乏的成年人。

但是，想象力是可以被激发出来的。这也是我在世界各地巡回开展故事工作坊的原因。我希望可以用这种方式，激发众多家长的想象力，让他们能够为自己的孩子创作合适的故事，滋养孩子的心灵。

练习想象力的方式有很多。家长们可以准备一个“故事箱”，把随手捡到的贝壳、玻璃球、鹅卵石、羽毛、果壳等都放进去。然后闭上眼睛，随手拿出几个小东西，根据拿出的东西编一个故事出来，也可以通过有韵律的诗歌或者歌曲来创作故事。

我的第一任丈夫是个南非的白人。20 岁时，我跟随他到非洲定居，收集了很多非洲的优秀故事，比如教导孩子要诚实的《荨麻与玫瑰》，鼓励孩子们彼此关爱与合作的《好热的河马》，帮助孩子面对黑暗与恐惧的《羚羊、蝴蝶与变色龙》，等等。非洲南部的布希曼人说：故事如风，来自远方，你心自知。这是我最喜欢的一句话。当我们置身于大自然之中时，就能捕捉到很多故事的灵感。所以，想写出想象力丰富的好故事，就多多亲近大自然吧！

亲爱的家长们，离开平板电脑、手机和电视，和孩子一起读故事、讲故事、写故事吧，踏上想象的旅程，让孩子的心灵自由飞翔。

人物

华南师范大学心理分析与中国文化专业博士，国内第一位研究曼陀罗绘画疗法的心理专家。著有《心灵之镜：曼陀罗绘画疗法》《心灵之路：曼陀罗成长自愈绘本》《儿童曼陀罗绘画分析：理论与实践》等书。

——陈灿锐

观点

用陪孩子玩儿的心态进行曼陀罗绘画，孩子会把内心真实的世界呈现给我们。

曼陀罗绘画陪伴孩子成长

当果果聚精会神地在大圆中画了两条道道，说是我们吃饭用的筷子时，我内心一阵感动。2岁多的宝宝把线条画得如此笔直是不容易的，这说明她是非常用心的。她把这用心画出来的小筷子送给我，我感觉到我们的心距离很近，很温暖。

这是我在陪伴孩子进行曼陀罗绘画过程中曾经经历的一个片段。

曼陀罗绘画疗法起源于心理分析大师荣格。当年，荣格因各种压力陷入抑郁状态，通过绘画曼陀罗的方式与心灵对话，最终走出了心理危机。

简单来讲，曼陀罗绘画就是在纸上画一个大圆，让孩子在圆中自由涂鸦或绘画，或者让孩子在给定的模板上涂色，根据需要，成人也可以和孩子共同绘画。

曼陀罗绘画是一种表达性艺术治疗。表达能宣泄、疏通及转化情绪，从而缓解儿童内心的焦虑、恐惧、悲伤等情绪；艺术则能够在一定程度上控制及调节心理冲突，从而升华矛盾，提高适应力；曼陀罗结构又能激发心理复原力，起到治愈与开发潜能的作用。

荣格认为，大圆有很多象征意义，比如，母亲的子宫是圆形的，所以，圆具有很好的保护作用。对于孩子来讲，有一个圆作为绘画的基调，可以让孩子更容易集中注意力而不至于太累。

曼陀罗绘画，解决孩子成长中的问题

在我接触的儿童个案中，很多家长因孩子成长中遇到的问题而感到困扰，比如：磨蹭、在幼儿园或学校被欺负、太黏人、说谎……这时候，绘画曼陀罗，常常能对孩子起到神奇的效果。

太依恋人的丫丫

2岁半的丫丫由于从小与父母分离，所以，对自己的小毯子特别依恋，即便小毯子很脏很破，她还是每天带在身边。早上妈妈上班的时候，丫丫也总哭哭啼啼，不肯让妈妈走，妈妈就把丫丫带到我这里做心理辅导。

开始的时候，丫丫用蓝色水彩在大圆中画了一条毛毛虫。我在圆的左下角画了一片叶子。为什么要画叶子呢？因为我觉得丫丫这个与父母有着分离焦虑的小女孩是需要保护的。而柔软的叶子，能给毛毛虫最好的保护。

看到了我画的叶子，丫丫马上在叶子上又画了一条毛毛虫。丫丫说，毛毛虫在叶子上睡觉呢。

毛毛虫躺在像小床一样柔软的叶子上，就像是在我的怀抱中，我感觉到了丫丫对我的依恋。这也说明，在陪伴她的过程中，我们的心理距离越来越近了。

接着，丫丫画了在草地上的小白兔。“只有小白兔自己在草地上，爸爸妈妈都工作去了，没有人理它。”丫丫说这句话的时候，语速很慢，眼神似乎显得有些无奈。

“小白兔有点孤独是吗？”我回应了丫丫。要想和孩子有心灵深层次的联结，就需要给他们更好的陪伴，去理解他们的内心感受。于是，我安慰丫丫：“草地上除了小白兔，还有其他动物吗？”

丫丫说：“还有袋鼠。”我画了袋鼠的耳朵，说：“小白兔，你好，我是袋鼠，我来陪你玩儿吧，有我在，你就不会孤单啦。”丫丫高兴极了，她说这是只袋鼠妈妈，她在旁边画了一个圈，告诉我这是袋鼠宝宝，它正在妈妈的怀里吃奶呢。在绘画的过程中，丫丫把对妈妈的依恋转移给了我。

类似的曼陀罗绘画，我和丫丫进行过几次。渐渐地，丫丫通过和我一起绘画，与我建立了比较好的情感联结，也获得了安全感。我建议丫丫的妈妈在生活中可以用曼陀罗绘画的方式陪伴丫丫，在陪伴的过程中，注意观察和回应孩子的情绪。妈妈按照我的方式做了，感觉和丫丫越来越亲近了。慢慢地，在爸爸妈妈的鼓励下，丫丫发现幼儿园很有趣，她认识了新朋友，也学习了很多新的知识。丫丫渐渐把对妈妈的依恋转移到了幼儿园的生活中。妈妈反馈，丫丫在生活中快乐了很多，也不像以前那样，离开妈妈就哭闹，对小毯子也没有那么执着了。

经常被小朋友欺负的果果

6 岁的果果上幼儿园大班，因为经常被小朋友欺负，行为退缩。我通过曼陀罗绘画的方式帮助果果解决了这个问题。为了将果果带入幼儿园情境，我先在大圆中画了幼儿园的大门。于是，果果画了幼儿园中漂亮的花花草草。

画着画着，果果脸上忽然出现了阴郁的表情。“在幼儿园我还会打架，但我打不过他们。”说这话的时候，果果还有点羞愧。能够感觉到，被欺负这件事伤了这个 6 岁男孩的自尊心。

为了给果果支持，并引导他表达内心的情绪，我带着果果画了第二幅曼陀罗。在这幅曼陀罗中，果果和我互送礼物。果果找我要了大炮，他说，“这是打坏蛋的大炮！”而果果送给我的飞机，也是用来打坏蛋的。

我让果果把坏蛋画出来。果果画出了 3 个经常欺负他的坏蛋。

画完之后，他给画上的大炮加上了炮弹并轰炸坏人；同时，他又给飞机装上了导弹，从空中轰炸坏人。

在这之后，我和果果在游戏室中玩了一段时间打坏蛋的游戏。在这个过程中，他的情绪得到了宣泄，内在的力量也在不断增加。

我建议果果妈妈平时在家中可以陪伴孩子一起绘画曼陀罗。有一次，果果画了这样一幅曼陀罗：在梦中，他打败了所有的坏人。

其实，现实中，他不一定能应对得了其他小朋友的欺负。但是，这样的体验对他自信心的发展还是有帮助的。我在咨询中进一步问果果："如果打不过，你会怎么办？"他思考了一会儿，很自信地说："我可以找朋友来帮忙，我也会去找老师。"当他领悟到这里时，眼睛绽放出坚定的光彩。

经过一段时间的辅导，果果的自信心在一点点增强。老师反馈，小朋友再欺负果果的时候，他不再像以前那样立刻躲开，而是开始想办法保护自己，也会找到老师寻求帮助。

曼陀罗绘画，修复孩子内心的创伤

在孩子的成长过程中，有时也会遭遇一些创伤性事件，比如父母离异、亲人亡故或者地震、火灾等。在这种情况下，曼陀罗绘画治疗可以有效疏导孩子的情绪，修复他们内心的创伤。

洋洋出生后不久，他的父母便开始闹离婚，经常控制不住愤怒，双方大打出手。所以，洋洋内心充满了愤怒和恐惧。上了幼儿园后，洋洋总是躲在角落里，完全无法融入集体，有的时候还会出现伤害小动物的行为。老师建议父母让洋洋在家调整一段时间。

父母离异会让孩子的内心充满愤怒与恐惧。恐惧无人承载，愤怒无处宣泄，便会造成孩子对社会适应不良，甚至会把情绪发泄在比他弱小的小动物身上。

在我的咨询室中有很多曼陀罗模板，洋洋选择了中间有一个小圆、四周被梯形围起来的模板。很多时候，我们在别人面前表达自己的真实情绪时是会有防御的，比如，别人怎么看我、人家能接纳我吗？模板常常让孩子觉得不过就是在模板上涂色而已，从而放下心理防御，安心绘画。那么，表达的内容也就更加真实。

接下来，他选择了红色，起初他画得很认真，但画着画着就开始用红色和橙色的笔在外圈涂，越涂越快，我能够明显感觉到他内心的愤怒。之后，他选择了黑色的蜡笔，在里面乱画，一边快速地转，一边说这是龙卷风来了，会把人给刮跑的。

爸爸妈妈闹离婚，对于小孩子来讲，内心中会有很强的愤怒和焦虑。3 岁孩子的语言发展尚未成熟，他们没有办法直接用语言表达内心，而曼陀罗绘画刚好给孩子的情绪表达提供了一个出口。类似的曼陀罗绘画，每周我都会陪伴孩子画一次，我建议家长也陪着孩子在家里画。

在妈妈陪伴洋洋进行绘画的过程中，洋洋时常选择黑色、灰色等比较暗淡的色彩，而且笔触凌乱，用力很猛。我给妈妈提了如下建议：不要干涉孩子画什么，只要陪伴和跟随；可以适当问一下，孩子画的是什么；理解和回应孩子的情绪。

比如，有一次，洋洋说自己画的是岩浆、陨石，还说世界要灭亡了。妈妈的第一反应是，我儿子为什么不能画些美好的东西？可是，想到我的建议，妈妈便在心里提醒自己，放下评判。继而，她问儿子感受到了什么？儿子默默没有作声。于是，妈妈特别真诚地和儿子讲了自己的心里话："妈妈知道，爸爸妈妈吵架，时常让洋洋很害怕也很愤怒，对吗？妈妈通过洋洋的画感觉到了这些，所以，感到很内疚。爸爸妈妈是有一些矛盾，但这是我们大人之间的事情。其实，不管我们有什么样的矛盾，爸爸妈妈都是非常爱洋洋的。"当洋洋妈说完这些的时候，洋洋一下子哇哇大哭起来。洋洋妈妈把洋洋搂在怀里，过了一会儿，洋洋安静地睡着了。

经历了这样的一个过程，慢慢地，洋洋的曼陀罗绘画中色彩越来越丰富，线条也变得均匀有序起来。在现实生活中，洋洋的情绪稳定了很多，在小区里玩的时候，也更愿意参与其他小朋友的活动了。当然，伤害小动物的行为也再没有出现过。现在，妈妈正和幼儿园老师商量，帮助洋洋重返幼儿园。

曼陀罗绘画，让亲子共同成长

亲子共同绘画曼陀罗的过程，让父母在观察孩子的同时觉察自己，亲子共同成长，这对孩子的帮助是极大的。

7 岁半的乐乐原本活泼开朗，可是，上了小学一年级之后，一下子变得孤僻内向，上课时经常走神，好像有心事。究竟发生了什么呢？乐乐自己也说不清楚。在我的指导下，妈妈陪伴孩子进行曼陀罗绘画。

第一幅画，乐乐选择了蓝色的油画棒，在大圆中用力地画道道。画完之后，就把油画棒扔在了一边，什么也不做了。浓重的蓝色让乐乐妈觉得有些阴冷。按理说，7 岁多的孩子的绘画总要有一些具体的形象吧，简单的图形、阴冷的颜色，让原本就焦虑的乐乐妈内心更加不安。于是，她试图引导儿子："你们学校不是有一片草坪吗？"于是，乐乐妈在大圆的右下角画了小草。"来，儿子，你来接着画。"

乐乐妈话音未落，乐乐拿起黑色油画棒，在妈妈的草上使劲涂抹，不一会儿，黑色就把草全覆盖了。"我要吃了你的草！""你这孩子！"看到乐乐的表现，妈妈的火"腾"的一下上来了，恨不得打他两巴掌。

第一次的亲子曼陀罗绘画，乐乐妈心中充满挫败感，更为儿子担忧。蓝色通常代表了忧郁，从画中浓重的色彩中可以感觉到，乐乐花了很大力气来涂抹这些道道，这很像是愤怒的表达。

不难看出，乐乐在新的学校环境中一定遇到了什么事情。这时候，如果妈妈很焦虑，反而会导致亲子间的负面情绪互相影响。我建议乐乐妈在乐乐绘画的时候，不要刻意去引导，这个阶段，以孩子的表达为主。

接下来的日子里，乐乐妈陪乐乐又进行了几次曼陀罗绘画。有一次，当乐乐画了一条八爪鱼的时候，乐乐妈画了水草。在画出水草的一瞬间，乐乐妈忽然感觉，其实自己的笔触是多么凌乱啊！看着自己凌乱的笔触，乐乐妈忽然意识到，原来，自己的内心中不仅充满了焦虑，还有很多对儿子的不接纳和愤怒。"如果我是这样的心态，怎么能帮到儿子呢？"乐乐妈忽然领悟。

当感受到这些的时候，乐乐妈忽然间觉得内心中平静了很多，她静静地坐在书桌前，陪伴乐乐，不一会儿，乐乐又画了螃蟹、贝壳。

儿子在表达什么呢？第一次，乐乐妈妈不是带着评判，而是充满了好奇地看乐乐的画。“八爪鱼和小螃蟹、小贝壳有什么关系啊？”神奇的事情发生了，儿子这次不仅没有排斥妈妈的问题，而且开始娓娓道来地讲故事：“八爪鱼是大海中的小霸王，它每天横行霸道，抢别人的食物……”

讲着讲着，妈妈才知道，原来在乐乐的班里有几个男孩子特别霸道。有一次，他们要抢走乐乐新买的橡皮，乐乐不肯，于是，发生了冲突，他们打了乐乐，还警告乐乐不许告诉家长和老师。本来乐乐就没有完全适应新环境，小霸王的警告更是让乐乐感到害怕，他心里很愤怒，但又不敢和别人讲。

当乐乐把这些讲出来后，妈妈终于松了一口气。在接下来的日子里，通过和老师沟通、对乐乐进行情绪疏导，妈妈终于使乐乐的情绪恢复了平静。

还有一点很关键的是，乐乐妈在曼陀罗绘画的过程中，感受到了曼陀罗的魔力。要让孩子成长，父母的成长很关键。

父母陪伴孩子绘画需要注意的三个问题

带着陪孩子玩儿的心态进行曼陀罗绘画

曼陀罗绘画确实可以反映出孩子内心的情绪和想法，但是，值得注意的是，如果父母是带着窥探孩子的心态让孩子进行绘画的，那么，就本末倒置了。其实，要想真正了解孩子，就要能够放下成人的姿态，带着陪孩子玩儿的心态体贴孩子，关心孩子。当我们和孩子的心理距离拉近了，孩子便会自然而然地把他的内心世界呈现给我们。

启发孩子讲故事

孩子画一只狗，我们说："哎呀，这只狗很漂亮（难看、凶）啊！"这样我们就没有给孩子足够的表达空间，而是做了一个判断。这个时候，我们需要问的是："这只狗在做什么啊？"这样的话，孩子便可以充满想象力地去表达自己内心的故事了。但是如果我们说："哎呀，这只狗还少一只耳朵，这只狗是不是要加一个鼻子？"就变成了评价孩子画得像不像、写不写实了。而如果我们问："这只狗要去做什么啊？"他们便可以进入讲故事的状态来表达自己的内心世界。

给孩子"够得着"的引导

如果两岁多的宝宝想画一只鸭子，但是画不像，父母却急于把整只鸭子的形象画出来，这时候，对于只会画圈圈道道的两岁宝宝来讲，他们会觉得爸爸妈妈画的形象遥不可及，有些孩子甚至会因为觉得自己画得不好而选择不画了。此时，如果孩子需要父母陪着一起画，那么，不妨在孩子绘画的基础上添一个嘴巴，或者加一些羽毛，这就够了。这样，让孩子觉得既有可以提升的空间，同时这个提升也是自己能够够得着的，才能激发孩子绘画的兴趣，让他们更愿意表达自己。

编写说明

编委会成员

主 编 刘 萍

编 委 陈思慧 赵海旭 路 宽

记 者 付 洋 田祥玉 贾方方 职冬娜